임진왜란의 명장

이순신

새시대 큰인물 **6**

임진왜란의 명장
이순신

개정판 1쇄 | 2006년 2월 15일
개정판 15쇄 | 2016년 9월 13일

글쓴이 | 햇살과나무꾼
그린이 | 박의식
발행인 | 양원석
편집장 | 전혜원
마케팅 | 이영인, 양근모, 장현기, 박민범, 이주형, 이선미
제작 | 문태일

펴낸곳 | (주)알에이치코리아
주소 | 08588 서울시 금천구 가산디지털 2로 53, 20층(한라시그마밸리)
전화 | 02-6443-8870(내용), 02-6443-8838(구입), 02-6443-8960(팩스)
등록 | 2004년 1월 15일 제2-3726호

ISBN 978-89-5986-344-0   74990
     978-89-5986-338-9 (세트)

알에이치코리아 홈페이지와 블로그, SNS로 들어오시면 자사 도서에 대한 더 많은 정보와 이벤트 혜택을 확인하실 수 있으며, E-book몰에서는 전자북으로도 만나볼 수 있습니다.
주니어RHK 홈페이지 http://jrrhk.com | E-book몰(RHK북스) http://ebook.rhk.co.kr
페이스북 http://www.facebook.com/rhk.co.kr | 블로그 http://randomhouse1.blog.me
유튜브 http://www.youtube.com/randomhousekorea

임진왜란의 명장

이순신

햇살과나무꾼 글 | 박의식 그림

주니어 RHK

글쓴이의 말

　지금부터 400여 년 전에 우리 나라에서 무서운 전쟁이 일어났습니다. 왜군 몇십 만 명이 바다를 건너 우리 나라로 쳐들어온 것입니다. 이 전쟁이 바로 임진왜란입니다.
　임진왜란이 일어나자 우리 군사들은 왜군에게 잇달아 패배했습니다. 보름도 되지 않아 수도 한양을 내주었고, 온 나라를 왜군의 손에 넘겨 줄 위기에 놓였지요. 이순신 장군은 이 위급한 시기에 왜군을 물리쳐 나라를 구했습니다. 그 비결은 특별한 곳에 있지 않았습니다.
　이순신 장군은 옳지 않은 일에 대해서는 윗사람에게도 맞설 만큼 꿋꿋했습니다. 자기 임무에도 충실해, 군사를 훈련시키고 작전을 연구하는 일에 소홀하지 않았지요. 그래서 이순신 장군이 지휘하던 우리 수군은 왜군에 맞서 용감하게 싸울 수 있었습니다. 그 힘을 바탕으로 육군도 반격의 기회를 잡을 수 있었고요.

이순신 장군은 힘없는 백성들과 부하들에게는 한없이 자상했습니다. 공을 세우는 것보다 백성들과 군사들의 희생을 줄이는 것을 중요하게 여긴 탓에 모함을 받고 감옥에 갇히기도 했지요. 이윽고 모함에서 풀려나 바다로 돌아왔을 때 이순신 장군에게는 고작 13척의 배밖에 없었습니다. 그러나 이순신 장군은 포기하지 않았습니다. "바다로 쳐들어온 적은 바다에서 막아야 한다."고 생각하고 13척의 배로 133척의 왜군 함대를 물리쳤지요.

　　이 책에는 그러한 장군의 삶이 담겨 있습니다. 이순신 장군의 삶이 앞으로 여러분이 삶을 살아가는 데 귀한 본보기가 되었으면 좋겠습니다.

2003년 3월 햇살과나무꾼

차례

글쓴이의 말 · 4

1. 흔들리는 나라

뜻을 세우다 · 12
- 장수를 뽑은 시험, 무과 · 18

꼿꼿한 청년 장수 · 19
- 여진족이 국경 지대로 자주 쳐들어온 까닭은? · 26

바다로 쳐들어오는 적은 바다에서 막아야 한다 · 27
- 임진왜란이 일어날 무렵 전라도와 경상도의 수군은 어떻게 짜여져 있었을까? · 35

2. 전쟁의 소용돌이 속에서

전쟁이 일어나다 · 38
- 임진왜란 초기에 왜군이 승승 장구한 까닭은? · 44

첫 승리 · 45
- 화포란 무엇일까? · 49

거북선이여, 출격하라! · 51
- 판옥선과 거북선 · 57

학익진을 펼쳐라! · 59
- 군사의 목숨을 아낀 장수, 이순신 · 67

3. 날개 잘린 용

다가오는 위험 · 70
■ 나라를 지키기 위해 발벗고 나선 백성들 · 76

함정 · 78
■ 조선 육군의 마지막 자존심, 권율 · 83

무너진 조선 수군 · 85
■ 비겁한 장수, 배설 · 89

4. 아, 명량대첩

신에게는 아직 12척의 배가 있습니다 · 92

지도 위의 울돌목 · 95

죽을 각오로 싸우면 살고, 살 각오로 싸우면 죽는다 · 98
■ 임진왜란의 역사를 보여주는 살아 있는 역사책, 난중일기 · 108

싸움이 급하니, 나의 죽음을 알리지 말라 · 110

열린 주제 · 116
인물 돋보기 · 118
연대표 · 120

임진왜란 해전도

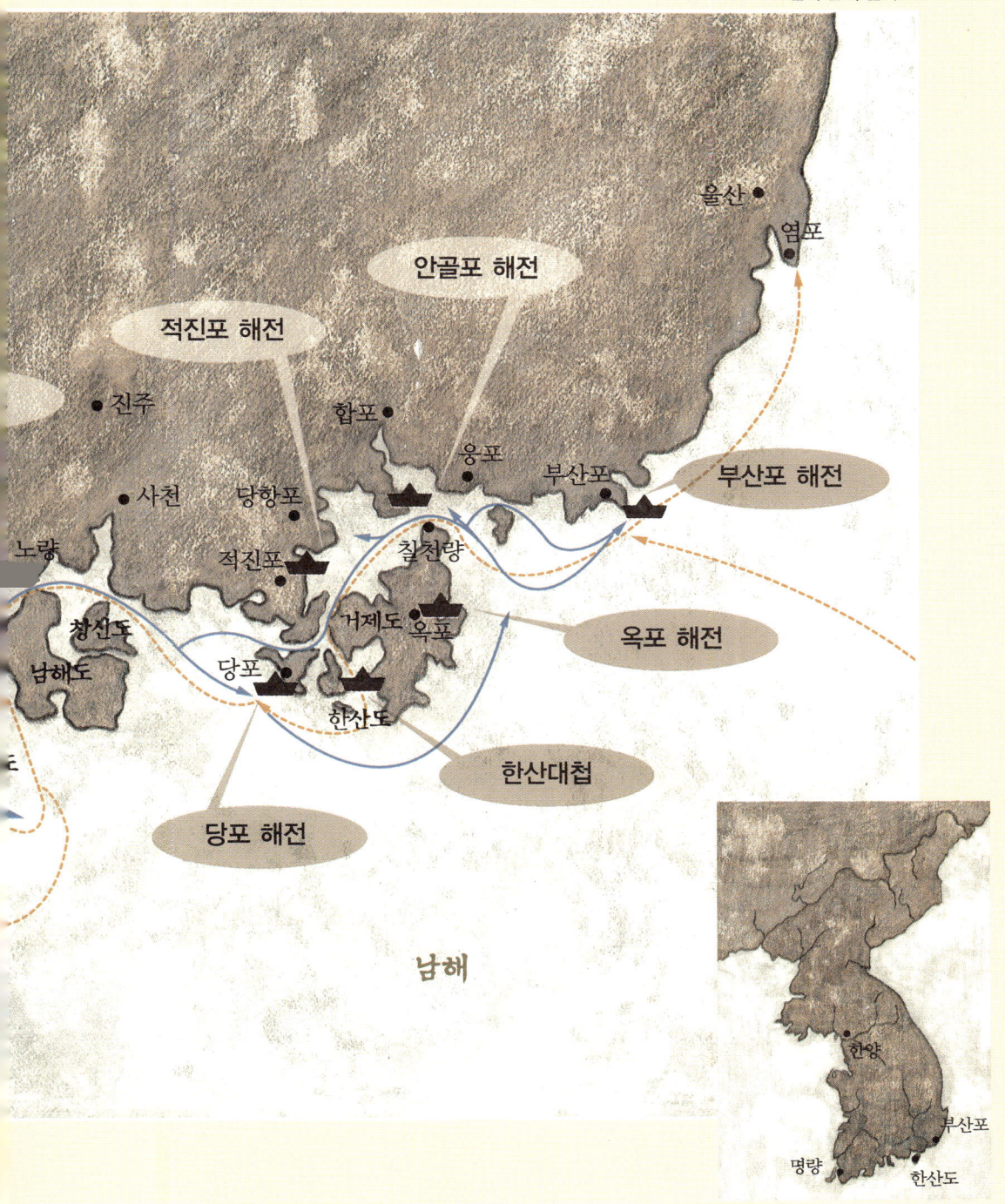

이순신

1
흔들리는 나라

뜻을 세우다

이순신은 1545년 3월 8일, 한양(지금의 서울)에서 이정의 셋째 아들로 태어났습니다. 순신의 집안에는 대대로 이름난 벼슬아치가 많았습니다. 5대조 이변은 그 시대 최고의 학자에게 주어지는 홍문관 대제학을 지냈고, 증조부 이거는 지금의 병무부 차관에 해당하는 병조참의를 지냈습니다. 할아버지 이백록 또한 왕에게 나라를 다스리는 도리를 가르치던 경연관이었고요.

그런데 이백록은 조정의 개혁을 주장하다가 모함을 받아 목숨을 잃고 말았습니다. 그 뒤 순신의 집안은 갈수록 기울었습니다. 순신의 아버지 이정이 벼슬살이의 뜻을 접었기 때문이지요. 한양에서 마땅히 할 일이 없어지자, 이정은 식구들을 거느리고 처가가 있는 아산으로 이사를 왔습니다.

아산에서 이정은 글을 읽으며 자식들을 가르치는 재미로 살았습니다.

"글공부란 스스로를 갈고 닦기 위해 하는 것이다. 스스로를 바로 세우지 못한 사람이 과거에 급제하여 벼슬을 얻

으면 무엇하겠느냐? 백성들을 애먹이는 못된 벼슬아치가 될 뿐이다. 그러니 공부하는 본뜻을 잃지 말고 부지런히 책을 읽어 인품을 갈고 닦기 바란다."

　이정은 자식들에게 입버릇처럼 이렇게 말했습니다. 하지만 자식들이 벼슬길에 나가 기울어진 집안을 일으켜 세워 주기를 바라는 마음을 감추지는 못했지요. 이정은 특히 셋째 아들 순신에게 큰 기대를 걸었습니다. 자식들 가운데 순신이 글재주가 가장 뛰어났으니까요.

　하지만 순신에게는 말 못할 꿈이 있었습니다. 그것은 장수가 되는 것이었습니다.

　순신은 어려서부터 또래에 비하여 몸집이 크고 힘이 셌습니다. 전쟁 놀이를 할 때는 대장 노릇을 도맡아 했고, 활쏘기와 말달리기는 누구에게도 뒤처지지 않았습니다. 손자병법을 줄줄 욀 만큼 병법(군사를 부리는 법)에도 밝았습니다.

　그러나 순신은 장수가 되고 싶다는 말을 입밖에 내지 못했습니다. 아버지에게 실망을 안겨 주고 싶지 않았기 때문입니다.

　때는 명종 21년인 1566년, 조선에서는 오랫동안 큰 전쟁이 없었습니다. 그래서일까요? 양반들은 글재주만 높이 사고, 말을 타고 활을 쏘고 군사를 부리는 일을 하찮게 여겼습니다. 똑같이 과거에 급제하여 벼슬길에 올라도 무관인 장수는 문관보다 낮은 대우를 받았습니다. 군사를 다스리는 것은 무관이었지만, 무관을 다스리는 것은 문관이었습니다.

'장수가 되겠다고 하면 아버지께서 어떻게 받아 들이실까?'

순신은 두려웠습니다.

그러는 사이에 시간은 흘러 순신은 결혼을 해서 첫 아이의 출생을 앞두게 되었습니다. 곧 태어날 자식을 생각하자, 순신은 마음가짐이 달라졌습니다.

'사람이 세상에 태어나서 떳떳하게 산다는 것은 무엇일까? 출세에 얽매여 하고 싶지 않은 일을 하는 것일까?

아니다. 내가 하고 싶고, 잘할 수 있는 일을 열심히 해야 한다. 그래야 자식에게 훌륭한 본보기가 될 수 있다. 어쩌면 그것이 부모님께 효도하는 바른 길인지도 모른다.'

순신은 마침내 용기를 냈습니다. 그리고 아버지께 자신의 뜻을 말씀드렸지요. 그런데 아버지는 놀라지 않았습니다. 순신을 나무라지도 않았습니다. 오히려 순신의 어깨를 두드려 주며 이렇게 말했습니다.

"네 낯빛이 갈수록 어두워지기에 무슨 까닭인가 했더니, 그 때문이었구나. 이제라도 뜻을 세웠으니 됐다. 남들보다 출발이 늦은 만큼 더욱 열심히 노력해야 한다."

순신은 깜짝 놀랐습니다. 그리고 스스로를 돌아보며 크게 반성을 했지요. 자신의 앞을 가로막은 것은 아버지가 아니라 자신이었다는 사실을 깨달았기 때문입니다.

그 뒤 순신은 흔들림 없이 무과(조선 시대에 무관을 뽑던 과거)를 준비해 나갔습니다. 낮에는 부지런히 활을 쏘고 말을 달렸고, 밤에는 날이 새도록 병서를 읽었습니다.

그러기를 7년째인 1572년 가을, 순신은 드디어 무과에 나갔습니다. 그런데 말을 달리며 활을 쏘는 시험을 치르다가 그만 말에서 떨어지고 말았습니다.

무과는 3년에 한 번 치러졌는데 양반은 물론이고 일반 백성들도 응시할 수 있었습니다. 경쟁률이 높아 한 과목이라도 그르치면 시험에서 떨어지고 말았지요.

순신은 눈앞이 캄캄했습니다.

'또 다시 3년을 기다려야 한단 말인가?'

말에서 떨어지면서 다리가 부러졌지만, 순신은 어찌나 실망했던지 아픔마저 느끼지 못했습니다.

하지만 이내 순신은 고개를 가로저었습니다. 그리고 이를 악물고 일어나서 다시 말을 타고 시험을 끝까지 치렀습니다. 떨어질 때 떨어지더라도 스스로에게 떳떳하고 싶었기 때문입니다.

결국 순신은 그 해 무과에서 떨어지고 말았습니다. 하지만 최선을 다한다는 생각으로 더욱 부지런히 무예를 갈고 닦아 3년 뒤에 무과에 합격을 했고, 장수의 길로 들어서게 되었답니다.

장수를 뽑는 시험, 무과

조선은 '과거'라는 시험을 치러 벼슬아치를 뽑았습니다. 무과는 장수를 뽑는 과거로, 정기적인 시험은 3년에 한 번씩 3차에 걸쳐 치러졌습니다. 1차 시험인 초시에서는 활과 창을 다루고 말을 타는 실력을 시험했습니다. 2차 시험인 복시에서는 무예와 함께 군사를 다스리고 작전을 짜는 능력을 알아 보았고요. 초시와 복시를 거쳐 모두 28명이 선발되는데, 이들은 3차로 왕 앞에서 무예를 겨루어 등수를 정했습니다. 그리고 그에 맞는 계급을 얻어 벼슬길에 나섰지요.

이순신은 28세에 처음 무과에 응시했을 때 초시의 '기사' 시험에서 떨어졌습니다. 기사란 말을 타고 활을 쏘는 것을 말하는데, 몸을 구부리고 말을 달려 화살로 과녁을 쏘아 맞춘 다음, 몸을 젖히고 손을 들어 활을 뒤집어야 하는 까다로운 시험이었습니다.

꼿꼿한 청년 장수

이순신은 여러 지역을 돌며 작은 군대를 다스리는 지휘관 생활을 계속했습니다. 계급이 낮고 거느리는 군사도 많지 않았지만, 이순신은 벼슬아치들 사이에서 이름이 높았습니다. 성품이 꼿꼿하여, 잘못된 일에 대해서는 높은 사람들에게도 용감하게 맞섰기 때문입니다.

그 무렵 조선의 관리들은 썩을 대로 썩어 있었습니다. 조정의 대신들은 서로 권력을 잡으려고 다투느라 나랏일을 돌보지 않았고, 지방의 낮은 벼슬아치들은 조정에 줄을 대기에 바빠 백성을 보살피지 않았습니다.

이렇게 나라의 기강이 무너지자 국경 지대에서 외적이 난리를 일으켰습니다. 북쪽에서는 여진족이 노략질을 일삼았고, 남쪽의 해안 지대에는 왜구(일본 출신의 해적을 일컫던 말)가 들끓었습니다.

그제야 조정 대신들은 정신을 차리고 국경 지대에 장수들을 새로 보내 수비를 강화했습니다. 그 과정에서 이순신은 1586년에 국경 지대인 함경도 조산보(지금의 함경북도 경흥군)에 군사 책임자로 가게 되었습니다.

"맙소사, 이 군사를 가지고 어떻게 국경을 지킨단 말인가?"

이순신은 조산보에서 군사들을 살펴보고 한숨부터 쉬었습니다.

조산보는 조선에서 가장 북쪽에 있는 곳으로, 두만강을 경계로 여진족과 마주하고 있었습니다. 언제 어디에서 여진족이 쳐들어올지 모르는 위험한 곳이었지만, 조산보를 지키는 조선 군사의 수는 턱없이 적었습니다.

'병법에 이르기를 싸워서 이기는 것보다 싸우지 않고 이기는 것이 낫다고 했다. 적이 쳐들어왔을 때 물리치는 것도 중요하지만, 적이 침입하지 못하도록 평소에 나라를 튼튼하게 지켜야 한다는 뜻이다. 그래야 애꿎은 백성들이 고통받지 않고, 군사들이 목숨을 잃지 않는다.

그런데 군사의 수가 이렇게 적어서야, 어떻게 적에게 겁을 주어 국경을 넘보지 못하게 한단 말인가? 적에게 겁을 주기는커녕, 쳐들어온 적을 물리치기도 어려운 수가 아닌

가?'

이순신은 답답한 마음을 지울 수 없었습니다. 하지만 조정에서는 군사의 수를 늘려 주지 않았습니다. 오히려 이듬해인 1587년에 이순신에게 녹둔도의 수비까지 맡겼습니다.

녹둔도는 두만강이 동해로 흘러드는 곳에 있는 작은 섬이었습니다. 조산보에서 20여 리 떨어져 있었는데, 군사들이 먹을 곡식을 기르는 둔전이 있어 여진족이 호시 탐탐 쳐들어올 기회를 엿보았지요. 이순신 장군이 조산보로 오기 3년 전인 1583년에도 여진족이 녹둔도로 들이닥쳐 백성을 죽이고 식량과 가축을 빼앗아 갔습니다.

'아무리 사정이 어려워도 국경 수비를 이렇게 대책 없이 해서는 안 된다!'

이순신은 고개를 가로저었습니다. 그리고 함경도 북부 지역의 최고 지휘관인 북병사 이일에게 편지를 보내 군사를 더 보내 달라고 부탁했지요. 그러나 이일은 코방귀를 뀌었습니다. 이순신의 능력을 탓하며 장수라면 모름지기 적은 군사로도 몇 배의 적을 물리칠 수 있어야 한다고 호통을 쳤습니다.

적이 언제 어디로 쳐들어올지 알고 있을 때는 작전을 잘 세우면 적은 군사로도 많은 적을 물리칠 수 있습니다. 하지만 조산보와 녹둔도는 서로 뚝 떨어져 있었습니다. 더욱이 두만강만 넘으면 온통 여진족의 땅이라, 여진족이 언제 어디로 쳐들어올지도 알 수 없는 노릇이었습니다. 이일의 생각은 그럴듯하기는 해도 상황에 전혀 맞지 않았던 것입니다.

아니나다를까, 그 해 가을 녹둔도에서 기어이 일이 터지고 말았습니다. 여진족이 추수 때를 노려 두만강을 건너와서는 목책을 지키던 조선 군사 십여 명을 죽이고 백성 백여 명과 말 열다섯 필을 빼앗아 간 것입니다.

이순신은 조산보에서 이 소식을 듣고 급히 군사를 거느리고 여진족을 뒤쫓아 갔습니다. 그러나 말과 백성 40여 명은 이미 두만강 너머로 끌려가 버린 터라, 남아 있는 백성 60여 명밖에 데려오지 못했습니다.

이일은 이 사실을 보고 받고 길길이 뛰었습니다.

"이순신은 무엇을 하고 있었기에 여진족이 쳐들어오도록 내버려 두었단 말인가?"

이일은 군사를 늘려 달라는 이순신의 부탁을 들어 주지 않은 일은 까맣게 잊고, 여진족이 침입한 것을 오로지 이순신 탓으로 돌렸습니다.

그러나 이순신은 인정하지 않았습니다.

"군사들이 죽고 백성들이 잡혀 간 점은 저도 너무나 가슴이 아픕니다. 하지만 여진족의 침입을 미리 막지 못한 것이 저의 탓만은 아닙니다.

전쟁도 사람이 하는 일입니다. 군사의 수가 적으면, 적의 침입을 막기 어렵습니다. 더욱이 저의 군사들은 조산보와 녹둔도를 함께 지켜야 합니다. 그런 마당에 언제 어디로 몰려올지 모르는 여진족을 무슨 수로 막겠습니까? 그래서 제가 몇 번씩이나 공문을 올려 군사를 보내 달라고 하지 않았습니까?"

이순신이 고개를 꼿꼿이 세우고 따지자, 이일은 불같이

화를 냈습니다.

"네 놈이 지금 나를 가르치려 드는 게냐? 무어 잘 한 일이 있다고 주둥이를 함부로 놀리느냐?"

그러나 이순신은 꺾이지 않았습니다. 잘잘못을 따지며 끝까지 이일에게 맞섰습니다. 이일이 미워서 그런 것은 아니었습니다. 잘못된 일은 그 까닭을 정확하게 밝히지 않으면 바로잡을 수 없다고 믿었기 때문입니다.

결국, 이일은 '싸움에서 지고 윗사람에게 대든' 죄를 물어 이순신의 목을 베야 한다고 장계(지방의 관리가 조정에 올리는 편지)를 올렸습니다. 조정에서는 함경도로 사람을 보내 사정을 알아 본 뒤 이렇게 명령했습니다.

"이순신은 여진족을 뒤쫓아가 포로 60명을 되찾아 왔으니 반드시 싸움에 졌다고 볼 수는 없다. 그러나 적이 쳐들어오는 것을 미리 막지 못한 죄는 눈감을 수 없으니, 곤장을 때리고 백의 종군(장수가 계급 없이 싸움터에 나가는 일)하게 하라."

이렇게 해서 이순신은 이듬해 1월 병졸의 몸으로 군사 2500여 명과 함께 두만강을 건너가게 되었습니다. 이 싸움에서 녹둔도로 쳐들어왔던 여진족을 공격하여 큰 공을

세우고서야, 이순신은 죄를 벗고 아산의 집으로 돌아올 수 있었지요.

여진족이 국경 지대로 자주 쳐들어온 까닭은?

이순신이 벼슬길에 오르던 무렵, 북쪽의 국경 지대에서 노략질을 일삼던 사람들은 두만강 일대에 사는 여진족이었습니다. 이들을 '성저야인'이라고 하는데, 성저야인은 원래 조선 사람들과 사이가 좋았습니다. 조선 사람들과 물건을 사고 팔기도 하고, 조선의 조정에 들어와 벼슬살이를 하기도 했습니다.

그런데 16세기 중반에 우리 백성들이 성저야인들이 살던 두만강의 후라도와 녹둔도에 들어가 농사를 짓고 고기잡이를 하기 시작했습니다. 성저야인들은 이에 위협을 느끼고, 1552년부터 군사를 모아 조선을 공격하기 시작했습니다. 1583년에는 한해 내내 경원, 종성, 갑산, 혜산진, 녹둔도 등지로 침입해 노략질을 했고, 1587년에도 녹둔도로 쳐들어와 살인과 약탈을 저질렀습니다.

바다로 쳐들어오는 적은 바다에서 막아야 한다

조선의 조정이 권력 다툼에 빠져 국경 수비를 소홀히 하는 동안, 바다 건너 일본에서는 무서운 일이 일어나고 있었습니다. 1585년 도요토미 히데요시(1536~1598)가 뿔뿔이 흩어져 있던 나라를 통일하고는 조선과 중국까지 손에 넣으려고 군사력을 키우고 있었던 것입니다.

도요토미 히데요시는 군사 훈련을 강화하고 전함(전투용 배)과 무기를 새로 만들었습니다. 그리고 조선을, 드넓은 중국 땅을 차지하기 위한 발판으로 삼을 계획을 세우고, 조선에 첩자를 보내 조정의 사정을 살펴보고 산맥과 강과 군사 요충지의 위치를 알아 나갔습니다.

이렇게 해서 팔도에 일본 첩자들이 들끓자, 조정에서는 위기감을 느꼈습니다. 결국 1590년 3월, 선조(재위 기간 1567~1608)는 황윤길과 김성일을 일본에 보내 사정을 살펴 오게 했습니다.

황윤길과 김성일은 똑같이 일본을 둘러보고 와서 서로 다른 이야기를 했습니다. 전쟁이 정말로 일어날 것 같으냐는 선조의 물음에 황윤길은 이런저런 이유를 대면서 야단

스럽게 전쟁이 일어날 것 같다고 하고, 김성일은 전혀 그렇지 않다고 말한 것입니다.

 선조가 도요토미 히데요시에 대해 물었을 때도 마찬가지였습니다. 황윤길은 "두 눈이 밝게 빛나는 것으로 보아 지혜와 담력이 있는 사람 같았습니다."라고 했지만, 김성일은 "눈빛이 마치 쥐와 같으니 두려워할 것이 없습니다."

라고 했습니다.

그 무렵 선조는 벼슬아치들의 권력 다툼에 휘말려 나랏일을 제대로 돌보지 못한다고 원성을 사고 있었습니다. 그런 마당에 전쟁이 일어날지 모른다는 이야기까지 나돌면 백성들이 왕을 어떻게 생각할까요?

선조는 앞으로 닥칠 위험을 막기보다 당장 백성들에게 욕을 먹지 않을 방법을 고민했습니다. 그래서 조정 대신들에게 전쟁이라는 말을 입밖에 내지 말라고 명령했습니다. 그리고 실력 있는 장수들을 골라, 경상드와 전라도, 충청도에 군사 책임자로 보내는 것으로 일을 마무리했습니다.

이순신은 이 때 발탁되어 1591년 2월에 전라좌도의 수군절도사가 되었습니다. 전라좌도의 수군절도사, 즉 전라좌수사는 전라도 여수에 지휘 본부인 좌수영을 두고 여수에서 해남 사이의 해안 지대를 지키던 군사 책임자였습니다.

이순신은 여수에 도착하자 전라좌수영의 진지를 돌며 군사 훈련 상태를 살펴보고, 무기 창고와 성곽을 둘러보았습니다. 선조가 그토록 입막음을 했어도 전쟁이 일어난다는 소문은 이미 온 나라에 파다했습니다. 그런데도 좌수영의 준비 상황은 기가 막힐 지경이었습니다. 군사들은 줄조

차 제대로 서지 못했고, 무기 창고의 칼과 창은 빨갛게 녹이 슬어 있으며, 군사를 먹이기 위한 식량은 바닥이 나 있었습니다. 몇 척 되지 않는 배는 낡아서 물에 뜰 수 있을지조차 의심스러웠습니다. 또 성은 곳곳이 허물어져 있었고요.

이순신은 휘하의 장수들을 불러 정신이 번쩍 들도록 호통을 쳤습니다.

"지금은 언제 왜적이 쳐들어올지 모르는 위급한 상황이다. 그런데 우리가 아무 준비도 하고 있지 않으면 나라의 앞날이 어떻게 되겠는가? 바다로 쳐들어오는 적은 바다에서 막아야 한다. 바다가 뚫리면 온 나라가 적의 손아귀에 들어가고 만다.

귀관들은 당장 진지로 돌아가서 낡은 배를 고치고 녹슨 무기를 수리하라. 군량(군사를 먹일 양식)을 모으고, 성곽을 다시 쌓고, 군사 훈련에 박차를 가하라!"

그리고 나서 이순신은 하루가 멀다 하고 휘하의 진지를 둘러보러 다녔습니다. 성과 무기 창고, 식량 창고를 살펴보고 군사 훈련 정도를 빈틈없이 점검했습니다. 그리고 전투 준비를 잘 하고 있는 장수에게는 큰 상을 주고, 준비를 게을리하는 장수에게는 큰 벌을 내렸지요.

그러자 전라좌수영의 장수들은 눈빛이 달라졌습니다. 덩달아 군사들도 지휘관을 두려워하고 지휘관의 명령을 떠받들게 되었습니다.

그러는 사이에 전라좌수영에는 새로 만든 무기가 나날이 늘어갔습니다. 낡은 창과 칼도 잘 갈고 닦아서 새날을 단 것처럼 반짝반짝 빛을 냈습니다. 식량 창고에는 군량이 가득 쌓였습니다. 포구에서는 말끔하게 수리되거나 새로 지어진 전함들이 늘어서서 출동 명령을 기다렸습니다.

그럴 즈음에 이순신은 새로운 문제를 고민하기 시작했습니다. 그것은 돌격선으로 쓸 배를 만드는 것이었습니다.

돌격선은 전투가 벌어질 때 적진으로 가장 먼저 나아가 적과 맞서 싸우는 전함입니다. 맨 앞에서 적과 맞붙어 싸우다 보니, 돌격선의 장수와 군사들은 목숨을 잃을 위험이 컸습니다.

'가장 용감하게 싸우는 군사들이 가장 먼저 죽음을 맞다니…….'

이순신은 너무나 안타까웠습니다. 그래서 군사 기술자들을 모아다가 밤낮없이 연구를 한 끝에 놀라운 설계도 하

나를 그려 냈습니다.
 그것은 거북 모양의 돌격선, '거북선'의 설계도였습니다. 갑판을 거북의 등딱지 같은 튼튼한 지붕으로 덮어 적의 총탄이나 화살이 뚫고 들어오지 못하게 하고, 이 튼튼한 지붕에 쇠로 된 날카로운 창까지 촘촘히 꽂아 적이 기어오를 수 없게 한 배였지요.

거북선은 화력에서도 여느 전함을 앞질렀습니다. 지붕과 바깥 쪽 벽에 수십 개의 포 구멍을 뚫어 화포(조선 시대 군대에서 쓰던 대포)를 발사할 수 있게 해놓았기 때문입니다. 또 뱃머리에는 용 머리를 만들어 붙이는데, 용 머리로도 화포를 쏠 수 있게 되어 있었고요.

"과연 거북선이 설계도대로 힘을 쓸 수 있을까?"

이윽고 거북선이 완성되었습니다. 이순신과 부하 장수들은 초조한 마음으로 거북선을 좌수영 앞바다에 띄웠습니다.

북이 울리자, 거북선은 돛을 올리고 밀려드는 파도를 날렵하게 가르며 먼바다로 나아갔습니다. 그리고 천지를 뒤흔들 듯이 포성을 울리며 사방으로 화포를 쏘아댔지요.

"와!"

포구에서 장수들이 탄성을 질렀습니다.

그 소리를 들으며 이순신은 주먹을 불끈 쥐었습니다.

'오너라, 왜놈들아! 내, 바다 한복판에서 너희의 장례를 치러 주마!'

이순신의 다짐에 대답하듯, 거북선이 다시 한 번 화포를 발사했습니다. 이 때가 1592년 4월 11일, 임진왜란이 일어나기 사흘 전이었습니다.

임진왜란이 일어날 무렵 전라도와 경상도의 수군은 어떻게 짜여져 있었을까?

조선은 팔도에 십여 개의 수영을 두고 동해와 서해, 남해를 지켰습니다. 특히 왜구의 침입이 잦은 경상도와 전라도에는 각각 두 개의 수영을 두고 수군을 배치하여 해안 지대를 지키게 했습니다.

임진왜란이 일어날 무렵 경상도에서는 경상좌수사 박홍이 동래에 좌수영의 기지를 두고 부산진에서 울진까지 해안 경비를 맡았고, 경상우수사 원균이 거제도 가배량에 우수영의 기지를 두고 낙동강 하구에서 남해도까지 해안을 지켰습니다. 전

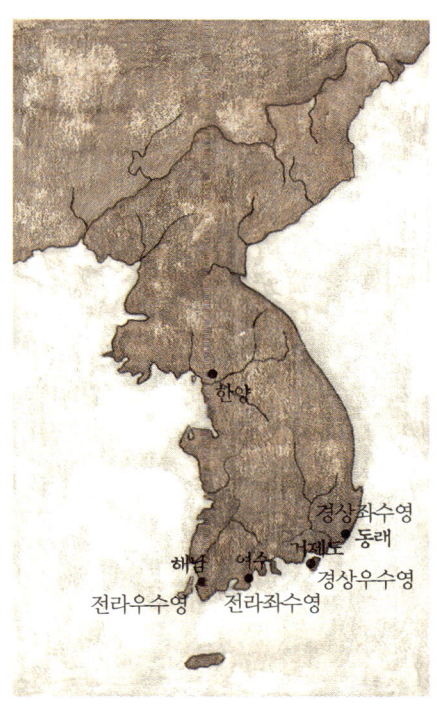

왜구의 침입이 잦은 경상도와 전라도의 조선 수군 배치도

라도에서는 좌수사 이순신이 여수에 좌수영을 두고 여수에서 해남까지 해안 지대를 지켰고, 우수사 이억기는 해남에 우수영의 기지를 두고 해남에서 부안에 이르는 해안의 경비를 담당했지요.

2
전쟁의 소용돌이 속에서

전쟁이 일어나다

  1592년 4월 14일 이른 아침, 왜군은 전함 7백여 척에 나누어 타고 부산 앞바다를 까맣게 메우며 포구로 들어왔습니다.

  갑작스러운 왜군의 침략에 부산 앞바다를 지키던 군사들은 배를 버리고 부산진성으로 달아났습니다. 부산진의 첨사(조선 시대에 절도사의 지휘 아래에 있던 군직) 정발은 그제야 군사들과 백성들을 모으고 싸움을 준비했습니다. 그러나 왜군 선봉대의 수는 1만 8천여 명이었는데, 성을 지키던 군사와 백성은 모두 합쳐 1천여 명뿐이었습니다. 모두가 힘을 합쳐 화살을 쏘고 뜨거운 물을 퍼붓고 돌멩이

를 집어 던졌지만, 개미떼처럼 성벽을 기어오르는 왜군을 물리칠 수 없었습니다. 결국 부산진성은 왜군의 손에 넘어가고 말았고, 정발을 비롯하여 성을 지키던 군사들과 백성들은 대부분 목숨을 잃었습니다.
　왜군은 이튿날 경상좌수영이 있는 동래로 몰려가서 동래성을 지키던 군사들과 백성들을 죽이고 성을 빼앗았습니다.
　조선으로 들어오는 문이 활짝 열리자, 왜군은 물밀듯이 조선으로 건너왔습니다. 무려 20만여 명에 이르는 엄청난 군사였습니다.
　이렇게 해서 평화롭던 조선은 피비린내 나는 전쟁터로 바뀌고 말았습니다. 7년 동안 계속된 끔찍한 전쟁, 임진왜란은 이렇게 시작되었습니다.

그 때 조선에서 소식을 가장 빠르게 전달하는 수단은 봉수였습니다. 산꼭대기의 봉수대에서 불을 피우거나 연기를 일으켜 이웃 고을로 소식을 전하는 것이지요. 이렇게 하면 12시간 안에 온 나라에 소식이 전해지게 되어 있었습니다. 그런데 왜군이 쳐들어오자 봉수대를 지키던 봉수군들이 임무를 버리고 달아나 버렸습니다.

그 탓에 이순신은 전쟁이 일어난 다음날인 4월 15일 저녁에야 왜군이 쳐들어왔다는 사실을 알았습니다. 경상우수사 원균이 부하를 시켜 소식을 전한 것입니다. 그런데 원균의 공문에는 왜군이 부산 앞바다로 들어왔다는 내용만 적혀 있었습니다. 얼마나 많은 적이 쳐들어왔는지, 부산포와 부산진성이 어떻게 되었는지는 전혀 알 수가 없었습니다.

"아!"

마음 같아서는 당장 부산 앞바다로 나아가 왜군에 맞서 싸우고 싶었지만 이순신은 그럴 수가 없었습니다. 위급한 상황이 닥쳤을 때 장수는 조정의 명령이 떨어지기 전까지는 자기 구역을 지키게 되어 있었으니까요. 더욱이 경상도의 수군이 어떻게 되었는지 알 수 없는 상태에서 함부로 함대를 이끌고 나갔다가는, 적에게 포위되어 군사를 모두 잃을 위험도 있었습니다.

'함부로 움직여서는 안된다. 경상도의 수군이 무너졌다면, 남쪽 바다를 지킬 수 있는 것은 전라도의 수군뿐이다. 그러니 흥분해서는 안된다. 내가 흥분하면 우리 수군 전체가 흥분한다. 마음을 가라앉히고, 출동 준비를 하면서 연락을 기다리자.'

이순신은 전라좌수영의 각 진지에 공문을 보내 해안 경비를 더욱 강화하라고 명령했습니다. 그리고 경상도에서 다시 연락이 오기를 초조하게 기다렸습니다.

그 뒤 경상도에서는 믿을 수 없는 소식만 날아왔습니다. 부산진성이 함락되었다는 공문이 오더니, 잇달아 동래성이 함락되었다는 연락이 왔고, 보름 뒤에는 경상좌수영에 이어 경상우수영마저 왜군에게 넘어갔다는 소식이 전해졌습니다.

조선군은 육지에서도 밀리고 있었습니다. 전쟁 준비를 제대로 하지 않은 탓에 군사들이 왜군이 온다는 소문만 듣고도 달아나 버렸으니까요. 이렇게 해서 왜군은 전쟁을 일으킨 지 보름도 지나지 않아, 선조가 있는 한양까지 넘보게 되었습니다.

이순신은 더 이상 지켜보고만 있을 수 없었습니다. 그래서 하루 빨리 출전을 허락해 달라는 장계를 올리고, 부하 장수들을 모아 놓고 회의를 했습니다.

낙안 군수 신호는 신중하게 대처하자고 주장했습니다.

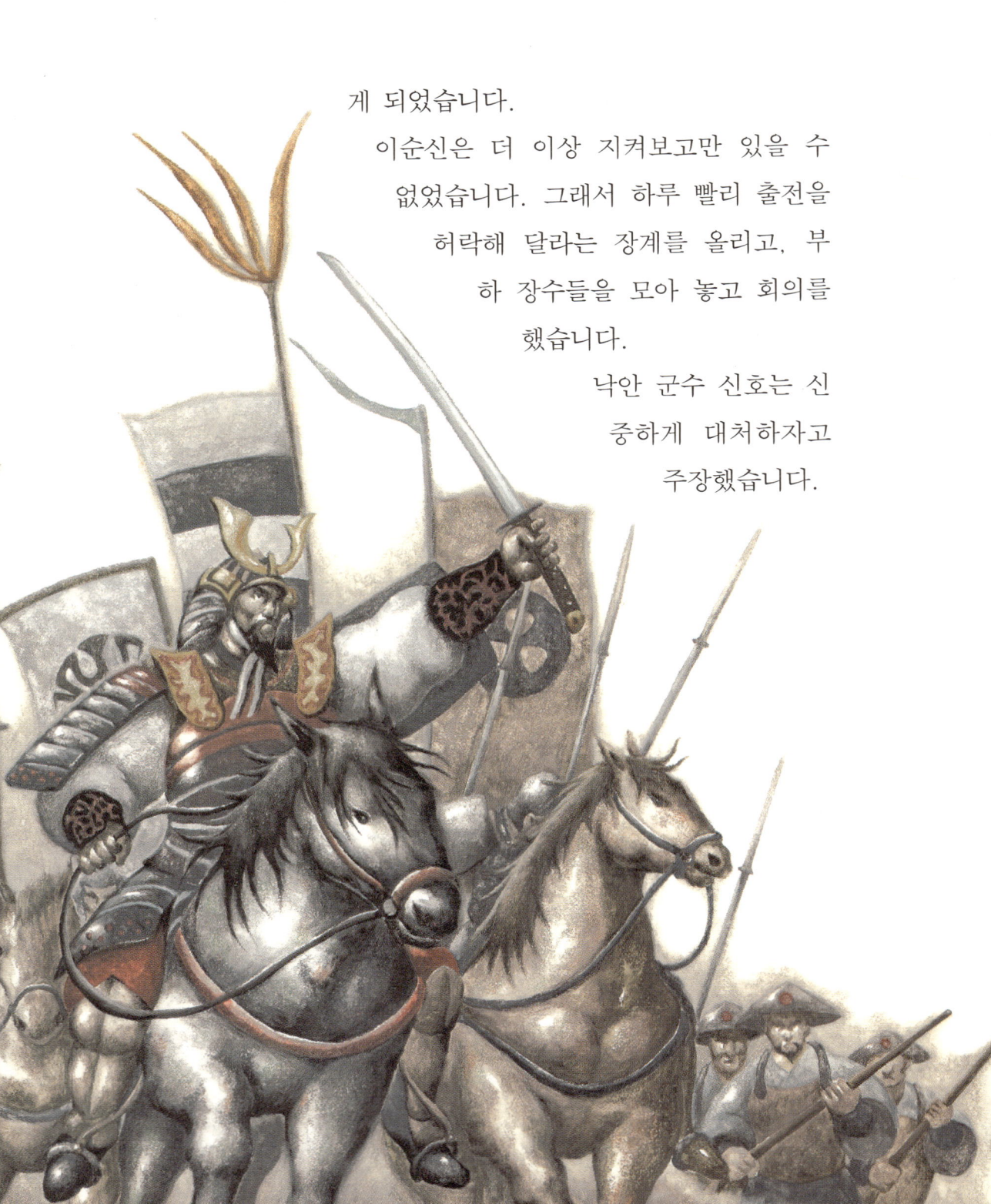

"상황이 다급한 줄은 알지만 이럴 때일수록 우리는 차분해져야 합니다. 전라좌수영의 수군은 전라좌도 앞바다를 지키는 것이 본분입니다."

그러자 좌수영의 군관 송희립이 벌떡 일어났습니다.

"왜적의 힘이 사방으로 뻗치는데, 가만히 앉아 성을 지킨다고 성이 지켜지겠습니까? 나가 싸워 이기면 적의 기세를 꺾을 것이오, 패배하여 죽는다고 해도 신하로서 부끄러움은 없을 것입니다."

녹도 만호 정운도 송희립의 편을 들었습니다.

"나라의 녹을 먹는 신하가 어찌, 나라가 왜적에게 짓밟히는 것을 앉아서 지켜만 보겠습니까?"

순천 부사 권준과 광양 현감 어영담도 "경상도는 어디 남의 땅이랍니까?", "왜놈은 경상도만의 적이랍니까?" 하고 소리치며 출전을 주장했습니다.

마침내 이순신이 입을 열었습니다.

"나라의 앞날이 바람 앞의 등불처럼 위태로운데, 장수가 어떻게 자기 구역만 지키고 있겠는가? 우리가 할 일은 오직 나아가 싸우는 것뿐이다. 지금부터 몸을 사리는 자가 있으면 목을 벨 것이니, 그리들 알라."

이순신의 엄숙한 명령에 장수들은 조용히 출전의 의지를 다졌습니다.

임진왜란 초기에 왜군이 승승 장구한 까닭은?

도요토미 히데요시가 나라를 통일하기 전까지, 일본에서는 100여 년 동안 전쟁이 계속되었습니다. 그래서 왜군은 훈련이 잘 되어 있었고, 장수들은 작전을 짜는 일에 밝았습니다.

그러나 조선에서는 그사이에 큰 전쟁이 한 번도 없었습니다. 군사들은 훈련이 되어 있지 않았고, 장수들은 작전에 어두웠습니다.

이러한 조선군을 맞아 왜군은 잘 짜여진 작전 아래 싸움을 벌여 나갔습니다. 왜군에게는 조선군에 없는 조총까지 있었습니다. 그래서 싸움이 시작되면 선봉에 선 깃발 부대가 좌우로 갈라지면서 조총 부대가 앞으로 나와 일제히 총을 쏘았습니다. 조총 부대가 뒤로 빠지면 활 부대가 앞으로 나와 활을 쏘며 조선군의 대열을 흩어 놓았고, 마지막으로 창 부대와 칼 부대가 흩어진 조선군 진영으로 달려 나와 조선군을 완전히 무찔러 버렸지요.

첫 승리

그 뒤 이순신은 부하 장수들과 머리를 맞대고 어떻게 적에 맞서 싸워야 할지 의논했습니다. 무엇보다 큰 문제는 병력이었습니다. 왜군의 배는 3백 척에서 6백 척에 이른다고 하는데, 전라좌수영의 배는 겨우 86척뿐이었거든요. 이 가운데 전함인 판옥선은 24척뿐이고, 15척은 적을 정탐할 때 쓰는 작은 배인 협선이었습니다. 그리고 절반 이상이 고기잡이배를 거두어들인 포작선이었지요. 군사의 수는 얼마나 되었을까요? 적의 수군은 몇 만 명에 이르렀지만, 좌수영의 수군은 장수까지 모두 합쳐 6천여 명뿐이었습니다.

어떻게 하면 적은 병력으로 적에게 큰 피해를 입힐 수 있을까? 답은 한 가지, 흩어져 있는 적을 찾아내어 하나하나 쳐부수는 길뿐이었습니다. 티끌 모아 태산이라는 말이 있듯이, 작은 싸움에서 승리를 쌓아 가다 보면 결국 왜의 수군 전체에 큰 타격을 입히게 될 테니까요.

이순신은 전라도 근처에 있는 왜군 함대부터 물리쳐 나가기로 마음 먹고, 5월 4일에 배를 몰고 나갔습니다. 경상

우수사 원균도 당포에서 배 네 척을 거느리고 와서 힘을 보태 주었습니다.

이윽고 5월 7일 이순신 함대가 거제도를 지날 때, 저

멀리 옥포 하늘에서 불화살이 번쩍거렸습니다. 정찰을 나간 척후장 김완과 김인영이 왜군을 보고 조선 함대에 신호를 보낸 것입니다.

"왜군이다! 왜군이 옥포에 있다!"

군사들이 술렁거리자, 이순신이 진군의 깃발을 올리고 천둥처럼 소리쳤습니다.

"경거 망동 하지 말고, 산처럼 웅장하게 나아가라!"

그제야 군사들은 마음을 가라앉히고 대열을 갖추었습니다.

경상도의 수군이 싸움 한 번 제대로 못하고 흩어졌기 때문에, 왜군은 피 한 방울 흘리지 않고 경상도 앞바다를 차지했습니다. 그래서일까요? 왜군은 조선 수군을 아주 무시했습니다. 남아 있는 수군이 있다 하더라도 자신들에게 싸움을 걸어 오리라고는 꿈에도 생각하지 않았습니다.

옥포에서도 왜군은 50여 척의 전함을 포구에 대 놓고 뭍으로 올라가 마음 놓고 노략질을 하고 있었습니다. 그러다가 조선 수군의 배 90여 척이 포구로 들어오는 것을 보고는 깜짝 놀라 달아나려고 했지요.

그러나 조선 수군은 순순히 왜군을 보내 주지 않았습니다. 달아나는 왜군 함대를 좌우로 에워싸고 화포와 불화살을 비오듯이 퍼부어댔습니다. 순식간에 26척의 왜군 전함이 침몰되고 수많은 왜군 병사와 장수들이 목숨을 잃었습니다. 하지만 조선 수군은 배 한 척 부서지지 않고, 군사 하나 목숨을 잃지 않았습니다.

방심하는 적을 공격하여 승리를 거둔 전투, 바로 이것이 옥포 해전입니다. 옥포 해전은 조선 수군이 왜 수군을 상대로 승리를 거둔 첫 전투일 뿐만 아니라 조선군이 왜군을 상대로 승리를 거둔 첫 전투였습니다.

화포란 무엇일까?

화포는 조선 시대에 군대에서 쓰던 대포입니다. 고려 말에 최무선이라는 군사 기술자가 처음 만들었는데, 임진왜란 때는 화살과 철환을 1천여 미터 앞까지 쏘아 보내는 천자총통과 지자총통, 현자총통 등이 개발되어 있었지요.

조총이 왜군에만 있는 무기라면 화포는 조선군에만 있는 무기였습니다. 화포는 불을 붙인 뒤 포탄이 발사되기까지 걸리는 시간이 길어 적군을 가까이 두고 싸울 때는 쓰기에 좋지 않았습니다. 하지만 포탄이 1킬로미터 이상 날아가고 파괴력도 컸으므로, 적과 어느 정도 거리를 두고 싸울 때는 아주 효과적이었지요. 조총은 총탄이 고작 50미터만 나아갔습니다.

임진왜란 초기에 조선의 육군 장수들은 이런 사실을 잘 알지 못했기 때문에 왜군에게 속수 무책으로 당했습니다.

그러나 이순신은 이 점을 전투에 지혜롭게 이용했습니다. 왜군 함대를 만나면 먼저 어느 정도 거리를 두고 화포를 쏘아 보내 대열을 흩어 놓습니다. 그런 다음 화약을 매단 불화살을 비오듯 쏘아 보내 적의 배를 불태우는 전술을 펼친 것입니다.

천자총통

지자총통

현자총통

거북선이여, 출격하라!

　전라좌수영의 함대는 합포와 적진포에서도 왜군을 크게 무찌르고 여수로 돌아왔습니다. 그리고 6월 3일에 경상도 앞바다로 다시 출동하기로 약속한 뒤 각자 진영으로 돌아갔지요.
　그런데 5월 27일, 경상우수사 원균으로부터 왜군이 사천과 곤양 등지에 나타났다는 연락이 왔습니다. 사천과 곤양은 여수에서 배로 하루 안에 이를 수 있는 거리입니다. 코앞에 적을 두고 이순신은 머뭇거릴 수 없었습니다. 당장 좌수영의 모든 진영에 출동 명령을 내려 여수 앞바다로 모이라고 했지요.
　이윽고 5월 29일 이순신은 23척의 배를 거느리고 여수를 출발했습니다. 그리고 노량 앞바다에서 원균의 배 3척을 만나 사천 앞바다로 함께 나아갔지요. 이렇게 꾸려진 조선 수군의 배는 모두 26척으로, 1차 출동 때보다 훨씬 적었습니다. 그러나 조선 수군은 승리의 기쁨을 맛본 뒤 충분한 휴식을 취한 터라 몸과 마음이 어느 때보다 가벼웠습니다. 더욱이 이순신은 이번 전투에 그 동안 감추어 두었던 거북선도 이끌고 나왔습니다. 군사들은 거북선에 대해서도 기대가 높았습니다.

사천에 이르고 보니 왜군은 배를 포구에 대고 산등성이에 올라서서 조선 수군을 공격할 태세를 하고 있었습니다. 왜의 전함은 12척으로 조선 함대보다 적었지만, 전세(싸움의 형세)가 조선 수군에게 유리하지 않았습니다.

이순신은 당장 포구로 들어가 왜군을 향해 화포와 불화살을 퍼붓고 싶었지만 그럴 수 없었습니다. 썰물 때라 바닥이 깊은 판옥선이 포구까지 들어갈 수 없었으니까요. 그렇다고 배에서 내려 적을 공격할 수도 없었습니다. 낮은 해변에서 산 위에 있는 적에 맞서 싸우게 되면 아군이 입을 피해도 적지 않을 테니까요.

어떻게 하는 것이 좋을까?

이순신은 생각에 잠겼습니다. 그리고 마침내

"전 함대는 뱃머리를 돌려라! 달아나는 척하며 적을 바다로 이끌어 내라!"

하고 명령했습니다.

유인술을 쓰기로 한 것입니다. 우리 배가 적의 배보다 많을 때는 포구에서 싸우는 것보다 넓은 바다에서 싸우는 것이 훨씬 유리하니까요. 설령 적이 겁을 먹고 바다로 나오지 않아도 해안까지 끌어 낼 수 있다면 충분히 타격을 입힐 수 있습니다. 또 초여름 남해안에서는 해가 기울면 밀물이 다시 차오르므로, 시간을 좀더 벌면 판옥선을 몰고 포구로 들어갈 수 있습니다.

아니나다를까, 조선 수군이 짐짓 달아나는 시늉을 하자, 왜군은 사기가 올라 해변으로 달려 내려왔습니다. 그러고는 절반은 배를 타고 조선 함대를 뒤쫓고, 절반은 포구에 남아 조선 함대를 향해 조총과 활을 겨누었지요.

'그래, 조금만, 조금만 더 오너라!'

이순신의 입가에 희미하게 미소가 번졌습니다.

그 때였습니다. 서산 머리에 걸려 있던 해가 넘어가고 포구에 물이 차오르기 시작했습니다. 이순신의 배에서 북소리가 울리고 공격을 알리는 깃발이 올라갔습니다.

"전 함대는 뱃머리를 다시 돌려라! 공격이다! 돌격장 이기남은 거북선을 몰고 나가 길을 뚫어라!"

이순신의 명령에 따라 조선 수군은 일제히 포구를 향해 뱃머리를 돌렸습니다. 다음 순간, 거북선이 쏜살같이 적진을 향해 나아가며 화포를 발사했습니다.

"맙소사, 저게 뭐야?"
 썰물이 갑자기 밀물로 바뀌고 조선 수군이 느닷없이 반격을 시작하자 왜군은 무척 당황했습니다. 그런 마당에 거북 모양의 시커먼 배가 불을 뿜으며 다가오자 넋이 빠지고 말았지요.

왜군은 거북선이 쏘아 보낸 화포에 배의 갑판이 부서지고 나서야 정신을 차렸습니다. 그러고는 거북선을 향해 화살과 조총을 비오듯 퍼부어댔습니다.

그러나 거북선의 튼튼한 지붕은 왜군의 총알과 화살에 뚫리지 않았습니다. 거북선은 빗발치는 총알과 화살 사이를 뚫고 거침없이 나아가, 왜군의 전함에 잇달아 화포를 발사했습니다.

순식간에 왜군의 배 몇 척이 물 속으로 가라앉고 말았습니다. 조선 장수들이 때를 놓치지 않고 배를 몰고 나왔습니다. 그리고 남아 있는 왜군의 배를 공격하여 이내 적의 배를 모두 부수어 버렸지요.

바다는 어느새 살려 달라고 아우성치는 왜군의 비명 소리로 가득 찼고, 해안에 남아 있던 왜군은 겁을 먹고 산으로 올라가 다시는 내려오지 못했습니다.

"이순신 장군 만세!"

"거북선 만세!"

조선 수군의 함성이 저녁 바다 위로 퍼져 나가는 가운데, 눈부신 활약을 한 거북선이 물결 위에서 조용히 흔들리고 있었습니다.

판옥선과 거북선

판옥선은 갑판 위에 2층을 더 올린 배입니다. 그래서 본체인 1층은 군사들의 휴게실과 무기고로 이용하고, 2층에서는 노꾼이 노를 저으며, 지붕이 덮이지 않은 3층에서 실제 싸움을 하는 군사들이 노꾼의 방해를 받지 않고 불화살과 화포를 쏘는 것입니다.

판옥선을 한층 더 견고하게 하고, 3층에도 거북 등딱지 모양의 지붕을 덮은 것이, 쉽게 말해, 거북선입니다. 노꾼들만 머물던 2층에도 화포를 설치하고 말이지요.

이순신은 전투할 때 거북선이나 척후선 한두 대를 돌격선으로 앞에 세우고, 판옥선으로 편대를 짜서 뒤를 받쳤습니다. 돌격선이 길을 연 뒤에는 아무래도 지붕이 없어 시야가 넓은 판옥선이 싸우기에 편리했으니까요. 따라서 조선 수군의 주요 전함은 판옥선이라고 볼 수 있습니다.

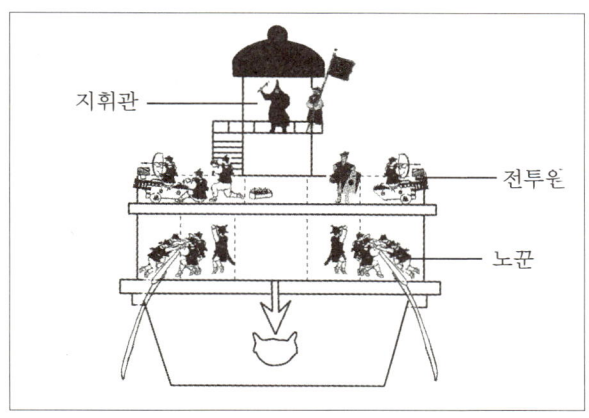

판옥선의 횡단 그림

판옥선과 그것을 개량한 거북선은 왜 수군의 주요 전함인 안택선('아다께'라고도 함)보다 성능이 우수했습니다.

판옥선과 거북선은 선체가 크고 외판이 두꺼워 안택선과 부딪쳐도 쉽게 부서지지 않습니다. 이에 반해 안택선은 속도를 높이려고 가볍게 만들었기 때문에 판옥선과 부딪치면 곧잘 부서졌지요.

판옥선은 또 안택선보다 선체가 높아 왜 수군이 사다리를 대고 넘어오기도 어려웠습니다.

또한 판옥선과 거북선은 바닥이 평평하여 바닥이 뾰족한 안택선과 달리 제자리에서도 선체를 쉽게 돌릴 수 있었답니다. 그래서 이순신은 적진을 코앞에 두고 뱃머리를 돌려 나오는 유인술을 즐겨 썼습니다.

학익진을 펼쳐라!

사천포에서 왜군을 무찌른 이순신은 당포와 당항포, 율포에서도 적을 크게 무찌르고 여수로 돌아갔습니다. 그러자 하늘 높은 줄 모르고 치솟아 있던 왜 수군의 사기는 땅바닥에 떨어지고 말았습니다. 왜 수군은 이순신이라는 말만 들어도 벌벌 떨며 싸우러 나오려고 하지 않았습니다. 그러자 왜 육군이 큰 부담을 안게 되었습니다.

그 때 왜 육군의 선봉대는 한양을 차지하고 임진강을 건너 평양으로 진격하고 있었습니다. 그런데 선봉대에 군량과 무기가 전달되는 통로가 부산에서 길양, 대구, 김천, 한양을 거치는 길 하나뿐이었습니다. 그 탓에 왜 육군의 선봉대는 늘 뒤를 조심해야 했습니다. 조선 땅에 흩어져 있는 조선군이 하나뿐인 보급로를 끊어 버리면 오도가도 못하고 갇혀 버리게 되니까요.

그래서 도요토미 히데요시는 남해를 가로질러 서해로 올라가는 바닷길을 뚫어 보급로를 하나 더 마련하려고 했습니다. 그런데 왜 수군이 이순신 함대에 가로막혀 전라도 앞바다로 들어가지 못하자, 도요토미 히데요시는 길길이 뛰었습니다.

"그 많은 군사와 무기가 부끄럽지도 않으냐? 무슨 수를 쓰든 이순신을 없애고 전라도 앞바다를 차지하라!"

도요토미 히데요시가 이렇게 명령을 내리자, 왜 수군의 최고 지휘관 구키와 가토와 와키사카는 각자 함대를 거느리고 웅천에서 모인 다음, 견내량 앞바다로 나가, 조선 수군을 함께 공격하기로 했습니다.

가장 먼저 웅천에 도착한 장수는 와키사카였습니다. 와키사카는 수군 장수로도 이름이 높았지만, 이번 전쟁에서는 육군을 따라 북쪽으로 올라가 용인에서 조선 육군을 무찌르는 데도 큰 공을 세웠습니다. 와키사카는 우쭐한 마음에 이순신 함대를 얕보고, 혼자서도 충분히 무찌를 수 있다고 생각했습니다. 그래서 동료들이 도착하기 전에, 자신의 전함 70여 척을 거느리고 견내량으로 먼저 나와 조선 수군을 공격할 태세를 갖추었지요.

이순신은 척후병을 통해 이 사실을 보고 받고 곧장 싸움을 준비했습니다. 만만하지 않은 적을 상대해야 하는 만큼 이번에는 전라우수영과 경상우수영의 장수들까지 불러 모아 연합 함대를 꾸렸습니다.

조선 수군의 연합 함대는 7월 6일 아침 90여 척의 전함을 이끌고 여수 앞바다를 떠났습니다. 그리고 맞바람을 견디며 노를 저은 끝에 이튿날 저녁 고성의 당포에 이르렀습니다.

이순신은 부하 장수들에게 적이 가까이 있으니 함부로 움직이지 말라고 당부하고, 전라우수사 이억기, 경상우수사 원균과 작전 회의를 했습니다.

견내량은 경상우수사 원균이 지키던 곳이라서 원균이 지도를 펼쳐 보이며 견내량의 지형에 대해 이야기했습니다.

"여기가 견내량이오. 목이 좁고 수심이 얕으며 암초가 많아서, 바닥이 깊고 몸체가 큰 우리 판옥선이 들어가 싸우기에 대단히 불리하다오. 못된 놈들, 어떻게 알고 이런 곳에다 진을 친 것인지!"

원균이 걱정하자, 전라우수사 이억기가 말했습니다.

"그렇게 좁고 얕은 곳이라면 적을 너른 바다로 이끌어 내 싸우는 수밖에 없겠군요. 문제는 적을 어디로 유인하느냐인데……."

그러고 나서 이억기는 지도를 주욱 살펴보았습니다.

그 때 이순신이 한산도 앞 화도와 미륵도 사이를 가리켰습니다.

"여기가 어떻겠소? 여기라면 바다가 넓어 우리 판옥선이 진을 갖추기에 좋고, 뭍이 멀어 물에 빠진 왜군이 헤엄쳐 달아나기에도 쉽지 않을 것 같은데……."

원균이 고개를 끄덕였습니다.

"흠, 그렇구려. 내 보기에도 한산도 앞바다만한 곳이 없는 것 같소."

이렇게 해서 세 장수는 견내량의 적을 한산도 앞바다로 유인하여 싸우기로 뜻을 모았습니다. 그러고는 밤이 깊도록 구체적인 전투 계획을 꼼꼼히 세워 나갔지요.

이튿날 아침, 해가 떠오르자 연합 수군은 당포를 떠나 와키사카의 함대가 진을 치고 있는 견내량을 향해 배를 몰았습니다. 이윽고 조선 수군이 한산도 앞바다에 이르자, 왜군의 척후선 두 척이 조선 함대를 보고 견내량 쪽으로 달아났습니다. 이순신은 약속대로 판옥선 대여섯 척을 견내량으로 보내 왜군의 척후선을 뒤쫓게 했습니다.

견내량으로 들어간 조선 선봉대는 적의 척후선을 무서운 속도로 쫓아갔습니다. 그러자 맞은 편에서 진을 갖추고 있던 와키사카 함대가 조선 선봉대를 공격하려고 배를 몰고 나왔습니다. 순간, 조선 선봉대는 황급히 뱃머리를 돌렸습니다. 그리고 적의 기세에 눌려 달아나는 것처럼, 한산도 앞바다 쪽으로 있는 힘을 다해 배를 몰았습니다.

와키사카는 신이 나서 고함을 질러댔습니다.

"빨리빨리! 빨리 쫓아가라! 빨리 가서 조선 수군을 모두 베어 버려라!"

왜 수군은 깃발을 흔들고 함성을 지르며 무서운 기세로

쫓아왔습니다. 얼마 못 가 돌격장 신여량의 배가 왜군의 배에 에워싸였습니다. 신여량은 물러나라는 신호로 조선 함대를 향해 부채를 흔들었습니다.

이순신이 후퇴 명령을 내렸습니다.

"뱃머리를 돌려라! 전 함대는 뱃머리를 돌리고 물러나라!"

이에 견내량 입구에서 진을 치고 있던 조선 수군은 일제히 뱃머리를 돌리고, 쏜살같이 한산도 앞바다로 배를 몰아 나왔습니다.

그 때 또 하나의 돌격장 이순신(이순신 장군이 거느리던 장수로, 장군과 이름이 같지만 다른 사람이다)이 다급하게 소리쳤습니다.

"사또, 왜 저희 두 장수만 버리고 가십니까?"

돌격장 이순신은 신여량과 함께 선봉대를 맡았던 터라 적에게 붙잡힐 만큼 위태로운 지경에 놓여 있었습니다.

아끼는 부하 장수들이 위험에 처하자, 이순신은 목이 바짝 탔습니다. 하지만 두 장수를 돌아보지 않고 한산도 앞 너른 바다를 향해 부지런히 배를 몰고 나갔습니다.

'조금만, 조금만 더 버텨라! 조금만 더 버티면 한산도

앞이다! 한산도 앞에 이르면 내 당장 뱃머리를 돌려 너희를 구해 주마!'
하고 속으로 애타게 외치면서 말입니다.

그러는 사이에 눈앞의 바다는 차츰 넓어져서, 이제 조선 수군은 한산도 앞바다에 이르렀습니다. 이순신이 탄 배에서 북소리가 울리더니, '학(鶴)'이라는 글자가 씌어진 깃발이 휙 올라왔습니다. 그러자 쫓겨 가던 조선의 전함들이 순식간에 왜의 수군을 향해 뱃머리를 돌렸습니다. 그리고 학이 날개를 펼치듯이 좌우로 좌악 늘어서서 기세 좋게 쫓아오던 왜군을 에워싸 버렸지요.

"아뿔싸, 함정이다!"

왜군은 그제야 유인술에 말려들었다는 것을 깨달았습니다. 그러고는 포위망에서 벗어나려고 앞을 다투어 뱃머리를 돌렸지요.

조선 수군은 이 때를 놓치지 않고 포위망을 좁혔습니다. 그리고 와키사카 함대를 향해 화포와 화살을 비오듯이 쏘아 보냈습니다.

와키사카 함대는 아수라장이 되고 말았습니다. 곳곳에서 배가 부서지고 불에 타고 물에 가라앉았으며, 수많은

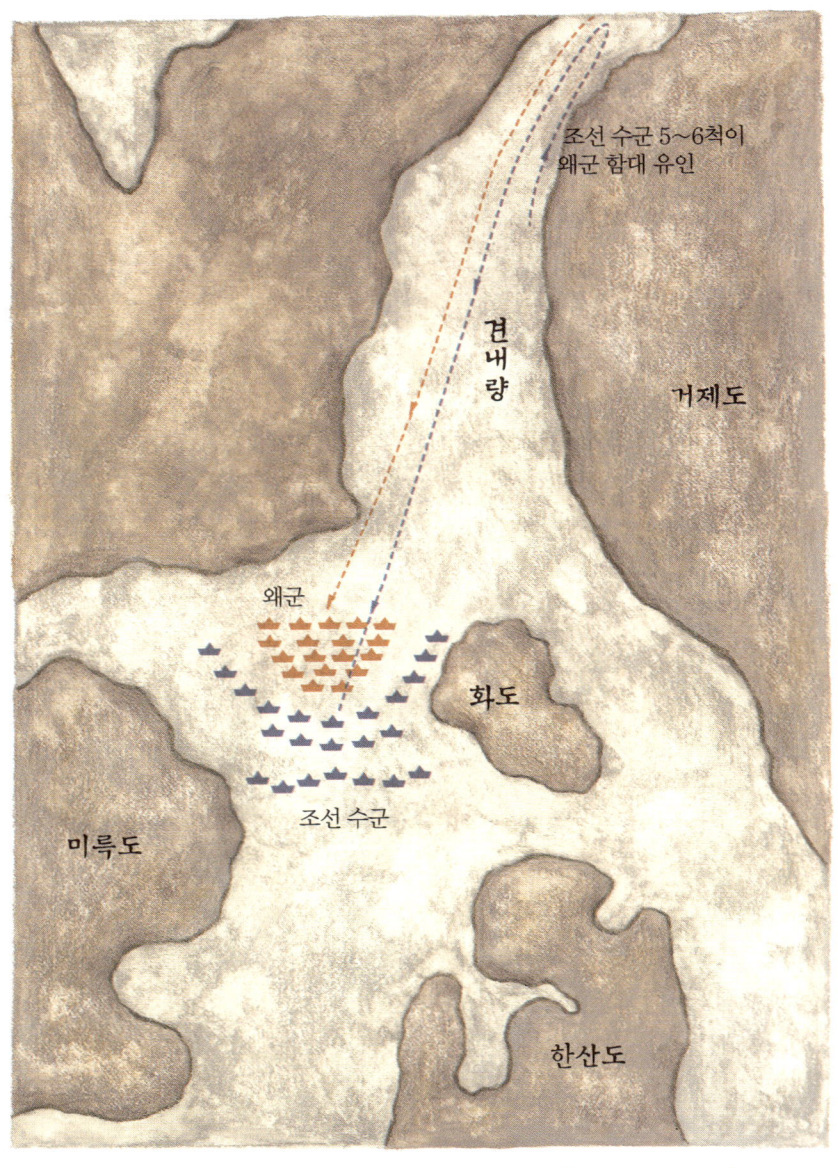

한산대첩 당시 조선 수군은 왜군 함대를 한산도 앞바다로 유인하여 학 날개 모양으로 진을 펼쳐 포위 공격하였다

왜군이 물에 빠져 허우적거렸습니다.

조선 수군은 이 싸움에서 왜군의 배 66척을 침몰시키는 큰 승리를 거두었습니다. 왜장 와키사카는 간신히 포위망을 뚫고 탈출했지만, 수많은 부하 장수와 군사들을 잃고 말았습니다.

뛰어난 작전과 군사 운용으로 왜 수군의 주력 함대를 무너뜨린 전투, 이것이 그 유명한 한산대첩입니다. 한산대첩은 임진왜란 중에 조선군이 거둔 가장 큰 승리로 손꼽히고 있습니다.

군사의 목숨을 아낀 장수, 이순신

한산대첩에서 살아남은 왜군은 한산도로 올라가 솔잎과 해초를 따먹으며 지내다가 뗏목을 만들어 탈출했습니다. 그러나 이순신은 한산도로 들어가 왜군을 잡지 않았습니다. 왜 그랬을까요?
이순신이 거느린 군사들은 바다에서는 전투를 많이 치렀지만 뭍에서는 싸워 본 경험이 없었습니다. 와키사카의 군사들은 육지에서도 많이 싸워 본데다가 더 이상 물러날 수 없는 궁지에 몰려 있었습니다.
궁지에 몰린 적은 살아남기 위해 있는 힘을 다허 싸우게 마련입니다. 따라서 조선 수군은 승리를 거두더라도 피해를 입을 수밖에 없고요.

이순신은 공을 세우는 것보다 군사들의 목숨을 지키는 것을 중요하게 생각했기 때문에 한산도로 군사를 올려 보내지 않은 것입니다.

한산대첩의 통쾌한 승리를 간직하고 있는 한산도 앞바다

3
날개 잘린 용

다가오는 위험

한산도 앞바다에서 와키사카 함대를 쳐부순 뒤 이순신은 안골포에서 구키와 가토의 함대도 크게 무찔렀습니다. 그리고 8월에는 왜군의 지휘 본부가 있는 부산 앞바다까지 공격하여 120여 척의 배를 침몰시키고 돌아왔지요. 그 뒤 왜군은 전라도 근처로는 그림자도 비치지 못했습니다.

이순신이 남해를 장악했으므로, 평양까지 올라가 있던 왜군의 선봉대는 갈수록 사정이 어려워졌습니다. 추위가 시작되면서 하나뿐인 보급로를 통해서도 군량과 무기가 제때 올라오지 않았기 때문입니다.

왜군이 심각한 무기 부족과 식량난을 겪게 되자, 조선 육군은 반격의 기회를 잡았습니다. 조선 육군은 1592년 겨울부터 대대적인 반격에 나서 왜군을 남쪽으로 밀어붙이기 시작했습니다. 백성들도 곳곳에서 창과 칼을 들고 일어나 왜군에 맞서 싸우고 있었고, 명나라도 조선을 돕기 위해 군사를 보내 왔습니다. 1593년 1월 조선과 명나라의 연합 육군은 마침내 평양성을 되찾았습니다.

다급해진 일본은 명나라가 제안한 화의(화해를 청하는 의

논)에 응하기로 했습니다. 그리고 남해안 일대에 5만여 명의 군사만 남겨 둔 채 나머지 군사들을 모두 일본으로 불러들였습니다.

이렇게 해서 명과 왜 사이에 휴전 회담이 시작되었습니다. 그러나 이순신은 왜군이 정말로 전쟁을 끝내고 싶어한다고 믿지 않았습니다.

'밀리니까 숨을 고르려는 수작이다. 속아서는 안된다. 정신을 바짝 차리고 상황이 나빠질 때를 대비해야 한다.'

그 때 이순신은 남해를 지켜 전쟁이 번져 나가는 것을 막은 공로로 삼도수군통제사가 되어 있었습니다. 이제 전라도와 경상도, 그리고 충청도의 수군까지 지휘하는 그야말로 조선 수군의 총사령관이 된 것입니다.

수군의 총사령관으로서 이순신은 앞날을 대비하는 일을 게을리하지 않았습니다. 망가진 무기를 고치고 부족한 무기를 새로 만들어, 무기 창고를 다시 채웠습니다. 난리를 피해 자신을 찾아온 백성들에게 논밭을 나누어 주고, 세금으로 곡식을 거두어들여 바닥 난 군량도 다시 채웠습니다.

한산대첩과 부산포 해전 이후 조선 수군과 왜 수군은 거제도를 경계로 해서 남해를 나누어 차지하고 있었습니다. 휴전 협상이 이루어지고 있었지만 아직 전쟁이 완전히 끝난 것은 아니라서, 왜 수군은 이따금 거제도를 넘어와 조선 수군에게 싸움을 걸었습니다.

이순신은 거제도가 내다보이는 한산도에 조선 수군의 지휘 본부인 통제영을 세우고, 왜 수군이 거제도 서쪽을 넘보지 못하도록 철저하게 막아 냈습니다. 하지만 달아나는 적을 쫓아 거제도 동쪽으로 넘어가지는 않았습니다. 거제도 동쪽에서부터 부산진까지는 왜군이 철저하게 진지를 구축하고 있어서, 자칫하면 조선 함대가 왜군에게 포위될 수 있었기 때문입니다.

"장수라면 모름지기 나아가 싸울 때와 들어와 지킬 때를 구분할 줄 알아야 한다. 지금은 피 흘려 싸울 때가 아니다. 군사들을 추슬러 전쟁의 기운이 커질 때를 대비해야 할 때다."

이순신은 부하 장수들에게 이렇게 이야기하며 군사를 함부로 움직이지 말라고 당부했습니다. 장수들은 대부분 이순신과 뜻을 같이했고 명령을 충실히 따랐습니다.

그러나 원균은 달랐습니다. 원균은 이순신보다 나이가 다섯 살이 많았습니다. 임진왜란이 일어나기 전까지만 해도 이순신과 계급이 같았고요. 하지만 원균은 전쟁 초기에 거느리던 군사들과 전함을 거의 다 잃고 말았습니다. 그 때문에 이제 자기보다 어린 이순신에게 명령을 받는 처지가 되었지요.

후배인 이순신이 선배인 자신을 앞질러 승진하자, 원균은 부끄럽고 창피했습니다. 하루바삐 공을 세워 자신의 실수를 씻고 싶었습니다. 그래서 원균은 틈만 나면 왜 수군이 진을 치고 있는 경상도의 해안 지대를 공격하자고 주장했습니다. 그리고 그 때마다 이순신의 반대에 부딪혀 뜻을 펴지 못했지요.

원균은 자신의 뜻을 꺾는 이순신이 못마땅했습니다.

"겁쟁이 같으니! 벼슬이 높아지니까 목숨 걸고 싸우고 싶지 않다 이거지?"

원균은 이렇게 생각하고, 틈만 나면 조정에 편지를 보내 이순신을 헐뜯었습니다.

이 때 이순신을 미워하던 사람은 원균만이 아니었습니다. 조정 대신들과 왕인 선조도 남몰래 이순신을 미워했습니다. 전쟁을 겪으면서 백성들이 왕과 조정 대신들보다 이순신을 더 존경하게 되었기 때문입니다. 전쟁 때 왕과 조

정 대신들은 백성을 버리고 도망다니기에 바빴지만, 이순신은 끝까지 자기 자리를 지키며 왜군을 물리쳤으니까요.

백성들 사이에서 이순신에 대한 믿음이 높아지자, 선조와 조정 대신들은 이순신에 대해 두려움까지 느꼈습니다. 그러다 보니 원균의 말에 솔깃해져 이순신을 의심하게 되었지요.

그런데 왜군 진영에서 조선 조정의 이런 분위기를 읽고 박수를 치는 사람이 있었습니다. 임진왜란이 일어났을 때 왜군의 선봉대를 이끌고 부산진성을 함락시킨 왜장 고니시였습니다.

'잘 하면 이 기회에 이순신을 없앨 수 있겠는걸. 이순신이 사라진다……. 호호호, 그렇게만 된다면 조선은 그야말로 거저먹기가 아닌가?'

이렇게 해서 이순신 앞으로 한 발 한 발 위험이 다가왔습니다.

나라를 지키기 위해 발벗고 나선 백성들

임진왜란 초기에 조선 육군은 왜군이 가까이 온다는 소문만 들어도 지레 겁을 먹고 달아났습니다. 이 때 관군이 버린 마을을 지킨 것은 의병들이었습니다. 백성들이 스스로 창과 칼을 들고 왜군에 맞서 싸운 것입니다.

의병은 관군이 무너지던 임진년 6월 이후 팔도 곳곳에서 일어났습니다. 이들은 병법을 배운 적도 없고 군사 훈련을 받은 적도 없었지만, 자기 고장에 대해 잘 알고 있었습니다. 의병들은 이 점을 이용하

임진왜란 때 왜군에 맞서 싸운 의병들의 위패를 모신 부산 충렬사

여 매복과 기습 공격으로 왜군을 공격했습니다. 그 탓에 왜군은 진격 통로가 걸핏하면 끊겨 군사와 식량 보급에 차질을 빚게 되었지요. 조선 수군에 가로막혀 바다를 통한 보급로를 뚫지 못한데다, 의병 때문에 그나마 있는 보급로까지 자주 끊기게 되자 왜군은 큰 어려움을 겪었습니다.

조선과 명나라의 육군이 평양성을 되찾고 대반격에 나설 수 있었던 바탕에는 이처럼 나라를 지키기 위해 발벗고 나선 의병들이 있었습니다.

함정

일본은 오랜 휴식으로 어느 정도 기운을 되찾자 조선 땅의 절반을 내놓아야 전쟁을 그만두겠다고 주장하며 휴전 협상에 찬물을 끼얹기 시작했습니다. 결국, 3년 동안 계속되던 휴전 협상은 1596년 10월에 깨지고 말았습니다. 조선은 다시 전쟁의 소용돌이에 휩싸일 위기에 놓였습니다.

그런데 1597년 1월 초에 고니시가 조선 조정으로 은밀히 첩자를 보내, 가토가 곧 바다를 건너 조선을 다시 침입하니 때를 놓치지 말고 사로잡으라고 귀띔했습니다.

휴전 협상이 이루어질 때 왜장들은 전쟁을 계속해야 한다고 주장하는 쪽과 끝내야 한다고 주장하는 쪽으로 나뉘어 치열하게 의견 다툼을 벌였습니다. 그런데 고니시는 전쟁을 끝내야 한다고 주장하는 사람으로 알려져 조선 조정의 믿음을 사고, 가토는 전쟁을 계속해야 한다고 주장하는 사람으로 알려져 조선 조정의 미움을 사고 있었지요.

그러던 차에 고니시가 자기 나라에 불리한 정보를 조선 조정에 흘리자, 조정의 대신들은 고니시가 가토를 시기하여 없애려고 한다고 받아 들였습니다. 그리고 이순신에게 공문을 보내, 부산 앞바다로 출동하여 가토를 사로잡으라고 했지요.

이순신은 조정에서 내려온 공문을 읽고 한숨을 쉬었습니다.

"왜장의 말만 믿고 온 조정이 법석을 떨다니, 나라의 앞날이 어찌 되려고 이 모양인가?"

다음 순간, 이순신은 뒤통수를 얻어맞은 것처럼 정신이 번쩍 들었습니다. 고니시의 계획이 무엇인지 깨달았기 때문입니다.

그 무렵 거제도 동쪽 바다는 왜군이 철통같이 지키고 있었습니다. 그런 곳으로 군사를 이끌고 들어가면, 설령 가토를 사로잡더라도 조선 함대는 위험에 빠질 수밖에 없게 되지요. 그렇다고 출동하지 않으면 이순신은 조정의 명령을 어기는 셈이 됩니다. 이래저래 이순신은 헤어날 수 없는 덫에 빠지게 되는 것입니다.

"여우 같은 고니시! 보통 놈이 아니구나!"

이순신은 탄식하듯 중얼거렸습니다.

결국, 이순신은 조정의 명령을 따르지 않기로 마음 먹었습니다. 조정의 명령을 따르면 수많은 군사들이 목숨을 위협받게 되지만, 따르지 않으면 자기만 벌을 받으면 되니까요. 군사들의 희생을 막기 위해 홀로 벌을 떠안기로 한 것입니다.

휴전 협상이 결렬된 뒤 이 즈음 왜장들이 조선으로 속속 들어오고 있었습니다. 바야흐로 정유재란이 시작되고 있었던 것입니다. 가토는 이순신이 조정으로부터 공문을 받기 하루 전에 부산의 다대포에 도착했습니다. 이순신이 공문을 받자마자 출동했더라도 잡을 수가 없었던 것입니다.

그러나 조정에서는 이 사실을 알지 못했습니다. 그리고 고니시는 조선 조정에 "이순신이 명령을 받고도 출동하지 않아 가토가 무사히 남해안에 상륙했다."고 다시 거짓 정보를 흘렸습니다.

선조는 화가 머리끝까지 나서 고함을 질렀습니다.

"감히 짐의 명령을 어기다니! 당장 이순신을 잡아들여라!"

이렇게 해서 이순신은 오랏줄에 두 손이 꽁꽁 묶인 채 한양으로 끌려가게 되었습니다.

"사또, 저희를 두고 어디를 가십니까? 저희는 어찌 하라고 버리고 가십니까?"

이순신을 실은 수레가 지나가자, 곳곳에서 백성들이 달려나와 수레에 매달렸습니다. 전쟁의 소용돌이 속에서 또다시 고초를 겪을 백성들을 생각하니 이순신은 목이 메고 눈에 눈물이 고였습니다. 하지만 애써 눈물을 거두고 당당한 모습을 보였습니다. 자신이 눈물을 흘리면 백성들이 더욱 불안에 떨게 될 테니까요. 이순신은 마지막 순간까지 백성들에게 용기와 희망을 주고 싶었습니다.

  이윽고 한양에 도착했을 때, 이순신은 왕을 업신여기고 조정을 속인 죄, 적을 이롭게 하여 나라를 위태롭게 한 죄 등 온갖 죄를 뒤집어쓰고 고문을 당했습니다. 그러나 살점이 떨어져 나가고 뼈가 부러지는 모진 고문 속에서도 이순신은 정신을 놓치지 않았습니다. 자기가 왜 출동 명령을 어길 수밖에 없었는지 하나하나 짚어 가며 명령의 부당성을 밝혔습니다.

  이순신이 죄를 받아 들이지 않자, 선조는 더욱 화가 났습니다. 하지만 선조는 이순신을 죽일 수 없었습니다. 다시 전쟁이 시작되었고 왜군은 여전히 이순신이라는 이름을 두려워했으니까요. 눈엣가시라고 해서 함부로 없앴다가 나라가 다시 어떤 위험에 빠질지 알 수 없었기 때문입니다.

결국 선조는 이순신의 벼슬을 빼앗고 초계(경상남도 밀양에 있는 지역으로 정유재란 당시 조선군의 총 지휘 본부가 있었다)로 내려 보내, 도원수 권율 밑에서 백의 종군하게 했습니다.

조선 육군의 마지막 자존심, 권율

임진왜란 때 바다에 이순신이 있었다면, 육지에는 권율이 있었습니다. 권율의 활약은 임진왜란이 일어난 다음해인 1593년 조선 육군이 반격을 시작할 때부터 두드러졌습니다.

이 무렵 권율은 1천여 명의 군사를 거느리고 금산의 이치에서 왜군을 무찌르며 한양을 향해 진격했습니다. 그리고 1593년 2월 22일 한강 하류의 행주 산성에서 2800명의 군사로 2만 4천여 명의 왜군을 죽이거나 다치게 하는 승리를 거두었지요.

이 때문에 한양의 왜군은 평양성에서 내려오는 조명 연합군과 행주 산성의 권율 부대로부터 동시에 위협을 받게 되었습니다. 결국 왜군은 그 해 4월 18일 명나라가 제안한 화의에 응하며 한양에서 물러났습니다.

권율은 행주 산성을 지켜 한양을 되찾게 한 공으로 조선군의 총사령관인 도원수가 되었습니다.

권율은 한때 원균의 주장에 넘어가 이순신을 의심하기도 했지만, 백의 종군한 이순신을 지켜보면서 자기가 잘못 알았다는 것을 깨달았습니다. 그래서 이순신을 장수로 대접하며 군사 문제를 함께 의논했고, 칠천량에서 조선 수군이 무너졌을 때도 이순신과 함께 대책을 세웠지요.

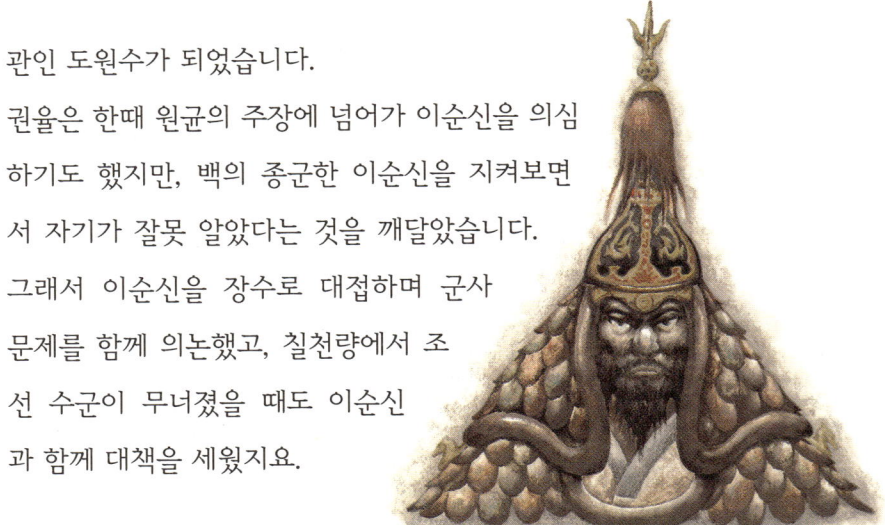

육지에서 활약한 임진왜란의 또 다른 명장, 권율

무너진 조선 수군

이순신 장군이 사라지자, 일본은 부산포로 다시 12만여 명의 군사를 보내 한양으로 진격할 태세를 갖추었습니다. 그러나 조선 공략은 전처럼 쉽지 않았습니다. 전쟁을 준비할 시간이 길었던 덕에, 조선 육군이 이미 왜군이 점령한 경상도 해안 지대를 에워싸고 있었거든요.

이렇게 해서 조선군과 왜군은 몇 달 동안 이기는 쪽도 지는 쪽도 없는 지루한 싸움을 되풀이했습니다. 싸움의 균형이 깨진 것은 바다에서였습니다.

이순신이 물러난 뒤 한산도의 통제영은 원균이 다스렸습니다. 원균은 이순신이 아끼던 장수들을 쫓아내고 이순신이 회의실로 쓰던 운주당에서 걸핏하면 잔치를 벌였습니다. 그러자 장수들은 군사 훈련을 게을리 했고 군사들은 명령을 우습게 알았습니다.

바다 건너 일본에서 도요토미 히데요시는 만세를 불렀습니다.

"이번에는 전라도다! 전라도 앞바다로 쳐들어가 전라도를 통해 조선을 공략하라."

도요토미 히데요시는 장수들에게 이렇게 명령하고, 새로 만든 전함 600여 척에 군사를 실어 조선으로 보냈습니다.

그런데도 원균은 별다른 대책도 세우지 않았습니다. 왜 수군이 한산도에서 한 나절 거리도 안 되는 웅천까지 밀고 들어왔는데, 직접 군사를 거느리고 싸우러 나가지 않고 이제 갓 경상우수사가 된 배설을 내보냈습니다. 배설은 웅천 싸움에서 전함 10여 척과 수많은 군사를 잃은 채 돌아오고 말았습니다.

도원수 권율은 이 사실을 알고 원균에게 호통을 쳤습니다.

"적선 수백 척이 부산 앞바다로 건너와 싸움을 준비하는데, 공은 무엇을 하느라 부하만 내보낸 거요? 군령(최고 지휘관인 원수가 내리는 명령)에 죽고 싶어 작정을 한 것이오?"

권율은 원균에게 당장 수군을

거느리고 나가 왜군과 맞붙어 싸우라고 다그쳤습니다.

　결국, 원균은 7월 14일에 조선 수군의 모든 군사들과 전함을 거느리고 왜군을 물리치러 경상도 앞바다로 나갔습니다. 그런데 이게 무슨 일일까요? 조선 함대는 왜군이 지키는 웅천과 안골포와 거제, 김해 앞바다를 아무 탈 없이 통과했습니다.

　'그러면 그렇지! 내가 나가는데 제 놈들이 감히 어떻게 싸우러 나온단 말인가?'

　원균은 우쭐거렸습니다.

　그러나 이것은 터무니 없는 생각이었습니다. 왜군은 조선 함대를 자기 진영 안으로 깊숙이 끌어들인 뒤 포위하여 공격하려고 기회를 엿보고 있었던 것입니다.

원균은 그런 줄도 모르고 부산 앞바다의 절영도까지 거침없이 나아갔습니다. 그리고 절영도 앞바다에서 왜군의 배 몇 척이 달아나는 것을 보고는 신나게 뒤를 쫓아갔지요.

왜군의 전함은 쉽사리 잡히지 않았습니다. 잡힐 듯 말 듯 달아나기를 되풀이하며 조선 함대의 힘만 빼놓을 뿐이었지요. 원균은 이렇게 적의 전함 몇 척과 숨바꼭질을 하다가 수령(부산과 대마도 사이에 있는 물살이 센 지점)에 이르러서야 정신을 차렸습니다.

"이크, 적진으로 너무 깊숙이 들어왔구나!"

그제야 원균은 전 함대에 뱃머리를 돌리라고 명령했습니다.

노꾼들은 그 날 절영도까지 쉴 새 없이 노를 저어 온 터라 지칠 대로 지쳐 있었습니다. 그 탓에 조선 함대는 본부인 한산도로 돌아가지 못하고, 거제도의 영등포 앞바다에서 밤을 맞고 말았습니다. 하는 수 없이 조선 수군은 영등포의 포구로 배를 몰고 들어갔습니다.

그러나 영등포에서 조선 수군을 맞은 것은 휴식이 아니었습니다. 왜군의 배 50여 척이 기다리고 있다가 조총과 화살을 쏘아대며 조선 수군을 공격한 것입니다. 원균은 영등포 앞바다에서 군사 400여 명을 잃고 우왕좌왕하다가, 간신히 남은 군사들을 이끌고 칠천도로 달아났습니다. 그리고 이튿날 새벽, 칠천도에서 적의 기습 공격을 받아 목숨을 잃었습니다. 전라좌수사 이억기와 충청수사 최호는 칠천도 앞바다에서 끝까지 적에 맞서 싸우다 전사했고, 경상우수사 배설만이 몰래 달아나서 목숨을 건졌습니다.

칠천도에서 조선 수군을 무너뜨린 왜군은 곧장 조선 수군의 총사령부가 있는 한산도를 손에 넣었습니다. 그리고 남해도를 거쳐 순천으로 올라가서, 다시 전주를 향해 치고 올라갔지요. 이제 전쟁의 불길은 전라도를 통하여 번져 나갔고, 조선은 다시 커다란 위기에 놓였습니다.

비겁한 장수, 배설

칠천량 해전이 일어나기 전날 밤, 원균은 칠천도에서 휘하 장수들과 목숨을 걸고 왜군에 맞서 싸우자고 약속했습니다. 전라좌수사 이억기와 충청수사 최호는 이 약속을 지키기 위해 칠천도 앞바다에서 목숨이 다할 때까지 왜군에 맞서 싸웠습니다.

그러나 경상우수사 배설은 약속을 지키지 않았습니다. 달아나는 것도 때로는 방법이 될 수 있다는 구실로, 다른 장수들이 정신 없이 싸우고 있을 때 휘하의 함대를 이끌고 달아나 버렸습니다.

배설은 뒷날 바다로 돌아온 이순신이 벽파진에서 싸움을 준비할 때도 같은 잘못을 저질렀습니다. 이순신이 명량대첩을 앞두고 군사들과 결사 항전을 준비할 때 어두운 밤을 틈 타 어디론가 달아나 버린 것입니다.

4
아, 명량대첩

신에게는 아직 12척의 배가 있습니다

　상황이 다급해지자, 선조는 이순신을 다시 삼도수군통제사에 임명했습니다. 이순신은 선조의 명을 받고 말을 몰아, 수군의 임시 진영이 있는 진도의 벽파진으로 내려왔습니다.

　그러나 바다로 돌아온 이순신을 기다리는 것은 배설이 거느린 배 12척이 전부였습니다. 왜군을 벌벌 떨게 하던 거북선은 흔적 없이 사라져 버렸고, 애써 고치고 만든 전함들은 칠천량 해전 때 대부분 물 속으로 가라앉았습니다. 죽음을 두려워하지 않고 싸우던 용맹한 군사들은 온 데 간 데 없고, 겨우 모아 놓은 군사들의 얼굴에는 두려움이 가득했습니다.

　'우리 수군이 어쩌다가 이 모양이 되었단 말인가! 그 용맹하던 장수들과 군사들은 모두 어디로 갔단 말인가?'

　이순신은 가슴이 무너지는 것 같았습니다.

　육지의 사정도 좋지 않았습니다. 칠천량 해전에서 승리해 전라도 앞바다를 손에 넣은 왜군은 전라도를 쑥밭으로 만들며 북쪽으로 치고 올라가고 있었습니다. 왜군은 8월

16일에는 남원성, 8월 27일에는 전주성을 손에 넣은 뒤, 이제는 충청도를 넘어가 또 다시 한양으로 진격하고 있었습니다. 이에 놀란 조정에서는 이순신에게 사정이 좋지 않으니, 바다를 버리고 육지로 올라와서 싸우라고 명령했습니다.

그러나 이순신은 바다를 버릴 수 없었습니다. 전라도 앞바다를 손에 넣었으니 왜군의 다음 목포는 서해가 될 것입니다. 서해가 뚫리면 또 다시 온 나라가 전쟁터가 될 테고요. 이순신은 이제라도 전라도 앞바다를 지켜 왜 수군의 서해 진출을 막아야 한다고 생각했습니다.

그래서 또 다시 목숨을 걸고 조정의 명령에 맞서는 장계를 올렸습니다.

"임진년 전쟁 때 적이 우리 나라를 집어 삼키지 못한 것은 우리 수군이 전라도 앞바다를 지켰기 때문입니다.

신에게는 아직 12척의 배가 있습니다. 죽을 힘을 다해 싸운다면 적을 막아 낼 수 있습니다.

그런데 지금 바다를 버리고 육지로 올라가라 하시나이까? 전라도 앞바다를 버리면 서해까지 왜군의 손에 들어가고 맙니다. 그러면 한양과 평양으로 들어가는 길이 뚫려 전쟁이 걷잡을 수 없이 번지게 됩니다.

그러니 신이 이곳 진도 앞바다를 지키게 해주십시오. 전함의 수는 적으나 아직 신이 죽지 않았고, 왜군이 감히 우리를 업신여기지 못할 것입니다."

이순신의 결의에 찬 장계를 보고 결국 조정에서는 이순신의 뜻을 받아 들였습니다.

지도 위의 울돌목

 조정의 허가가 떨어지자 이순신은 다시 전투 준비를 해 나갔습니다. 군사들을 추슬러 기강을 바로잡고, 기술자들을 급히 모아 무기도 새로 만들었습니다. 진도 주변을 마음 놓고 넘나들던 왜군의 척후선을 물리쳐 군사의 사기도 높여 나갔습니다.

 그리고 밤이 되면 지도를 들여다보며 작전을 고민했습니다.

 '어디가 좋을까? 어디서 싸워야 이길 수 있을까?'

 그 사이에 이순신은 망가진 배 한 척을 고쳐 모두 13척의 전함을 갖고 있었습니다. 왜군은 수백 척의 전함을 가지고 조선 수군을 위협하고 있었고요. 군사력으로 따지면 계란으로 바위를 치는 격이었지만, 이순신은 희망을 버리지 않았습니다.

 '진도 앞바다는 우리 수군이 늘 배를 몰고 다니던 곳이다. 지형을 잘 이용하면 한 명의 군사가 백 명의 적을 막을 수 있다!'

 이순신은 이렇게 스스로에게 힘을 불어넣으며 벽파진

주위를 살펴보았습니다.

마침내 훌륭한 싸움터를 찾았습니다. 그곳은 바로 벽파진 서쪽에 있는 울돌목(명량 해협)이었습니다.

울돌목은 진도와 화원 반도를 가르는 좁고 얕은 해협입니다. 가장 좁은 곳이 폭이 330미터, 깊이가 1.9미터에 불과하지요. 그래서 울돌목에서는 물살이 아주 세찼습니다. 좁고 얕은 만큼 물의 흐름도 급격하게 바뀌어, 정오 이전까지는 바닷물이 남동쪽에서 북서쪽으로 세차게 흐르고, 정오가 지나면 반대로 북서쪽에서 남동쪽으로 세차게 흘렀지요.

이순신은 지도에서 눈을 떼고 창으로 걸어가 밤바다를 멍하니 바라보았습니다.

'울돌목……. 울돌목이라면 왜군의 배가 아무리 많아도 한꺼번에 밀고 들어올 수 없다. 기껏해야 다섯 척씩 줄을 지어 들어올 것이다.

그래, 울돌목 서쪽에 진을 치자. 이곳에서 싸우면 군사력이 달려도 희망이 있다. 한꺼번에 수백 척을 상대하지 않아도 되니까……. 잘 하면 바닷물의 도움까지 받을 수 있을 것이다. 우리가 정오까지 버틸 수만 있다면……. 정오

까지만 죽기로 싸울 수 있다면…….'
 철썩철썩 파도 소리가 끊임없이 들려오는 가운데, 이순신의 머리 속에서는 싸움에 대한 생각이 끊임없이 이어졌습니다.

죽을 각오로 싸우면 살고, 살 각오로 싸우면 죽는다

"사또, 왜군의 배 백여 척이 해남 땅 어란포에 들어왔습니다!"

9월 7일, 정탐을 나갔던 척후병이 돌아와서 헐떡거리며 외쳤습니다.

"드디어 올 것이 왔구나!"

이순신은 나지막히 중얼거렸습니다.

이튿날 아침, 이순신은 군사들을 풀어 백성들에게 이 사실을 알렸습니다. 그리고 며칠 동안 백성들이 안전한 육지로 피난할 수 있도록 도와주었습니다.

백성들이 모두 피난하고 진도에 군사들만 남게 되자, 이순신은 수군을 모두 배에 싣고서 울돌목 서쪽 화원 반도의 전라우수영으로 진을 옮겼습니다. 적을 울돌목으로 불러들이기 위해서였습니다.

이 때가 9월 15일. 보름이라 해가 지자 둥근 달이 휘영청 떠올랐습니다.

이순신은 사방에 횃불을 밝혀 놓고 군사들에게 말했습니다.

"이제 날이 밝으면 우리는 목숨을 건 싸움을 하게 될 것이다. 이 싸움에서 어쩌면 우리는 모두 죽을지도 모른다. 그러나 병법에 이르기를 죽을 각오로 싸우면 살고, 살 각오로 싸우면 죽는다고 했다. 용맹한 군사 하나가 길목을 지키면 천 명의 적을 물리칠 수 있다고도 했다. 모두 우리를 두고 한 말이다. 그대들은 살겠다는 생각을 버리고 죽기로 싸워라. 만약 살 궁리를 하고 꾀를 부리는 자가 있으면 내 몸소 칼을 뽑아 목을 칠 것이다!"

하얀 달빛 아래 횃불이 붉게 타오르며 이순신과 군사들의 비장한 얼굴을 비추었습니다.

이튿날 아침 동이 트자, 이순신은 13척의 배에 수군을 나누어 싣고 울돌목으로 나갔습니다. 조선 수군이 울돌목에 이르렀을 때는 오전 8시 30분 무렵으로, 바닷물이 북서쪽으로 가장 세차게 흐르고 있었습니다. 물살이 어찌나 거센지, 진을 갖추고 있기도 힘들었습니다. 이순신은 대열이 흐트러지지 않도록 전 함대에 닻을 내리라고 명령했습니다. 배가 물살에 밀려나지 않도록 부지런히 노를 저으라고 노꾼들을 다그치기도 했습니다.

이렇게 물살과 싸우며 버티기를 세 시간째, 마침내 맞

은편에서 왜군의 함대가 나타났습니다. 왜군 함대는 배가 어찌나 많았던지 다섯 척씩 줄을 지어 들어오는데도 대열의 끝이 보이지 않았습니다. 척 보기에도 군사력이 비교가 되지 않았습니다. 더욱이 바닷물의 흐름까지 자신들의 편이라, 왜군은 사기가 올랐습니다. 왜군은 파도 소리를 삼킬 듯이 함성을 질러대며, 물결을 타고 거침없이 울돌목으로 들어왔습니다.

그 모습을 보고 조선 군사들은 기가 질렸습니다. 노꾼들의 팔에서도 기운이 빠져 나가, 전투를 시작하지도 않았는데 배들이 조금씩 뒤로 밀려났습니다.

이순신은 아찔했습니다. 밀려나면, 뒤는 넓은 바다입니다. 13척의 배로 넓은 바다에서 왜군과 싸우게 되면, 왜군 함대에 겹겹이 에워싸인 채 공격을 받게 될 것입니다.

이순신은 다급하게 외쳤습니다.

"닻을 올려라! 전 함대는 배를 몰고 나가 왜군을 무찔러라!"

그리고 스스로 앞장서서 적진으로 나아가며 화포를 발사하고 화살을 쏘았습니다. 왜군은 잠시 주춤하는가 싶더니 이내 대열을 가다듬고 이순신의 배를 에워싸기 시작했습니다. 그런데도 조선 수군은 겁을 먹고 앞으로 나오지 않았습니다.

"다들 무엇 하고 있느냐? 어서 나와 싸우지 못할까?"

이순신은 초요기(공격을 알리는 깃발)를 올리며 천둥처럼 호통을 쳤습니다. 그제야 거제 현령 안위가 슬금슬금 배를 몰고 나왔습니다.

안위는 조선 수군 진영에서 처음으로 배를 몰고 나온

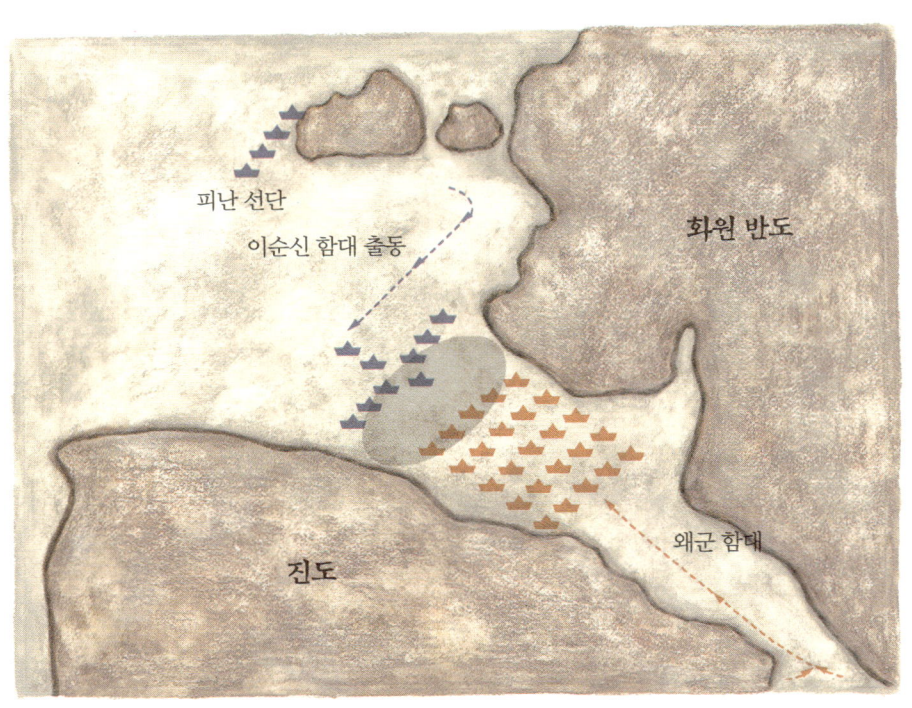

명량대첩 당시 이순신 함대는 수군의 수가 많아 보이게 하려고, 피난 온 백성들의 배를 전함처럼 꾸며 함대 뒤에 정박시켜 놓았다

기특한 장수였습니다. 하지만 이순신은 안위를 무섭게 몰아붙였습니다.

"안위야! 네가 정녕 군법에 죽고 싶으냐? 네가 달아나 봐야 어디에서 살 수 있겠느냐? 어서 앞으로 나아가 싸우지 못할까?"

이순신의 명령에 안위는 적진으로 돌진했습니다. 그 모습을 보고 중군장(통제사가 있는 군영에서 통제사 다음으로 계급이 높은 장수) 김응함도 배를 몰고 나왔습니다.

이순신은 김응함도 무섭게 꾸짖었습니다.

"대장이 위험에 빠졌는데 중군장이라는 자가 어디서 구경만 하고 있다가 이제야 나오느냐? 내 당장 칼을 뽑아 네 목을 베고 싶으나 싸움이 급하니 이번에는 넘어가겠다. 대신에 적을 무찔러 공을 세우도록 하라!"

김응함도 적진으로 뛰어들었습니다.

그러나 적의 수가 워낙 많았던 탓에 선봉에 선 두 장수는 이내 적에게 포위되어 집중 공격을 받고 말았습니다. 그 모습을 보고 이순신은 안위가 있는 곳으로 배를 몰고 나아가 화포로 적의 배 세 척을 격파했습니다. 덕분에 안위의 배가 위기에서 벗어나자, 이순신은 다시 김응함의 배를 구하러 갔습니다.

　최고 지휘관이 선봉에서 목숨을 걸고 싸우는 것을 보고 군사들은 조금씩 용기를 냈습니다. 마침내 조선 수군 함대는 모두 앞으로 나와 왜군 함대에 맞서 싸웠습니다.

　조선 수군과 왜군은 좁은 울돌목에서 한치 앞을 볼 수 없는 치열한 싸움을 벌였습니다. 화약 냄새가 코를 찔러 숨 쉬기조차 어려웠고, 곳곳에서 수많은 군사들이 총과 화살, 화포에 맞아 쓰러져 갔습니다.

　그 때였습니다.

"왜장이 물에 빠졌다! 왜장 마다시가 물에 빠졌다!"

하고 이순신의 배에 타고 있던 병사 하나가 소리 높여 외쳤습니다. 그 병사는 조선 수군에 투항한 왜군 준사였습니다. 이순신은 당장 준사를 불러 마다시가 어디에 있는지 물었습니다.

"저 자입니다. 저기 비단옷 입고 허우적거리는 자가 왜장 마다시입니다."

　이순신은 준사가 가리키는 쪽으로 갈고리를 던져 왜장을 끌어올렸습니다. 그리고 왜장의 목을 베어 뱃머리에 높이 내걸었지요.

그 때부터 왜군 함대는 눈에 띄게 기세가 떨어졌습니다. 그런 가운데 해는 점점 하늘 한가운데로 올라갔고, 마침내 북서쪽으로 흐르던 바닷물이 남동쪽으로 흐르기 시작했습니다. 순간, 전세는 완전히 뒤집혔습니다. 적장의 목을 베고 사기가 올라 있던 조선 군사들은 이제 물살을 타고 적진으로 나아가며 화포와 화살을 쏘아 보냈고, 지휘관을 잃고 사기가 꺾인 왜군은 바닷물의 흐름마저 방향을 바꾸자 당황하여 어찌할 바를 몰랐습니다.

"됐다! 이제 바다도 우리 편이다! 전 함대는 모두 앞으로 나가 왜군을 무찔러라!"

이순신은 이렇게 소리치며 군사들의 사기를 북돋았습니다. 조선 함대는 거센 물살을 타고 적진으로 돌격하여 순식간에 31척의 배를 부수고 왜군을 물리쳤습니다.

겨우 살아남은 왜군이 웅천 방향으로 배를 몰고 달아나자, 군사들은 서로를 부둥켜 안고 껑충껑충 뛰었습니다.

"이겼다! 우리가 이겼다! 우리가 열 배가 넘는 적을 물리쳤다!"

군사들의 함성 소리가 하늘을 찌르는 가운데 이순신의 얼굴에서는 기쁨의 눈물이 흘러 내렸습니다.

13척의 배로 133척의 왜군 함대를 물리친 전투, 이것이 세계 해전사에 길이 남을 명량대첩입니다. 명량대첩으로 조선 수군은 서해를 통해 올라가려던 왜군의 계획을 물거품으로 만들고 전라도의 나머지 반을 지켜 냈습니다. 이 때문에 북진해 있던 왜 육군은 또 다시 식량난과 무기 부족에 시달리게 되었고, 조선 육군은 다시 반격의 기회를 잡았습니다.

임진왜란의 역사를 보여주는 살아 있는 역사책, 난중일기

이순신은 임진왜란이 일어나던 1592년부터 전쟁이 끝나던 1598년까지 꼬박꼬박 일기를 썼습니다. 전쟁 중에 쓴 일기라고 해서 이 일기를 '난중일기'라고 부릅니다. 난중일기에는 임진왜란 때 이순신이 무엇을 생각하고 어떤 일을 했는지가 생생하게 적혀 있습니다. 전쟁 중에 일어난 중요한 전투와 조선군의 상태 및 선조와 조정 대신들의 행동에 대해서도 자세히 적혀 있어 임진왜란을 전체적으로 살펴보는 데 귀중한 자료가 되지요. 난중일기는 지금 국보 76호로 지정되어, 이순신의 사당인 아산 현충사에 보관되어 있습니다.

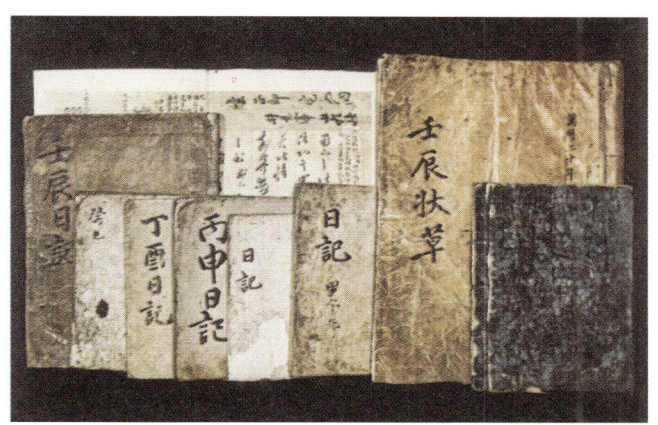

임진왜란 7년의 기록이 상세히 담겨 있는 이순신의 난중일기

싸움이 급하니, 나의 죽음을 알리지 말라

 명량대첩 이후 왜군은 바다에서는 이순신 함대에 밀리고 육지에서는 조선 육군에게 밀려, 남해안 일대에서 더 이상 나오지 못했습니다. 그러다가 1598년 8월 18일에 도요토미 히데요시가 전쟁을 중지하라는 유언을 남기고 숨을 거두자, 왜군 장수들은 11월 11일 부산성에서 만나 일본으로 함께 건너가기로 했습니다.
 '조선 팔도를 불구덩이로 만들어 놓고 살아서 돌아가겠다고? 어림없다! 내, 너희를 하나도 살려 보내지 않으리라!'
 이순신은 그 소식을 전해 듣고 부르르 떨었습니다.
 이순신은 싸움을 도우러 온 명나라 수군과 140여 척의 배로 연합 함대를 꾸리고, 노량 앞바다에서 왜군의 앞을 가로막았습니다. 다급해진 왜군은 사천에 있던 왜군에게 구원을 요청했고, 11월 18일 사천의 왜군은 전함 500여 척을 이끌고 노량 앞바다로 동료들을 구하러 왔습니다.

11월 19일 새벽, 조선과 명나라의 연합 수군은 노량 앞바다에서 왜군과 결전의 순간을 맞게 되었습니다. 이윽고 북소리가 울려 퍼지자, 조명 연합 수군은 일제히 화포와 화살을 쏘며 왜군을 무서운 기세로 밀어붙였습니다. 왜군 함대는 후퇴를 거듭하여 결국에는 남해도의 관음포까지 밀려났습니다.

궁지에 몰리자 왜군은 기를 쓰고 조명 연합군에게 덤벼들었습니다. 그 결과, 싸움은 하루를 넘기고 이튿날 새벽까지 이어지게 되었습니다.

동이 터오를 무렵 이순신이 탄 배에서 장수 하나가 외마디 비명을 지르며 쓰러졌습니다. 전라좌수영 시절부터 이순신과 함께 싸워 온 군관 송희립이 적의 총탄에 맞은 것입니다.

이순신은 송희립의 상태를 살펴보려고 고개를 돌렸습니다. 그 때 어디선가 총탄이 날아와서 이순신의 왼쪽 가슴을 꿰뚫었습니다.

"으윽!"

이순신은 그 자리에 주저앉고 말았습니다.

"숙부님!"

이순신을 도와 군사를 지휘하던 조카 이완이 황급히 이순신의 몸을 떠받쳤습니다.

"아버지!"

같은 배에 타고 있던 아들 이회도 무릎을 꿇고 앉아 울부짖었습니다.

이순신이 가쁜 숨을 몰아 쉬며 손을 내저었습니다.

"괜찮다······. 걱정 말고······ 일어나 싸워라."

이완과 이회가 눈물을 흘리며 일어나자, 이순신은 주위의 병사들에게 손짓을 했습니다.

"적이······ 나를······ 보지 못하도록······ 에워싸라. 싸움이 급하니······ 내가 죽더라도······ 알리지······ 말라."

그러고 나서 이순신은 고개를 떨구고 말았습니다. 군사들이 장군의 마지막 명령을 받들어 입술을 깨물며 주위를 에워쌌습니다.

결국 조명 연합 수군은 왜군의 배 200여 척을 깨뜨리는 승리를 거두었습니다. 그제야 장수들은 이순신의 죽음을

군사들에게 알렸고, 군사들은 승리의 기쁨에 젖을 겨를도 없이 목놓아 통곡했습니다.

　바로 이것이 임진왜란의 마지막 전투인 노량 해전입니다. 7년 동안 계속되던 피비린내 나는 전쟁은 이렇게 해서 끝이 났고, 마지막 전투를 승리로 이끈 이순신은 이렇게 세상을 떴습니다. 이 때 장군의 나이 54세였습니다.

열린 주제

도요토미 히데요시는 왜 전쟁을 일으켰을까?

16세기 일본에서는 각 지역을 다스리는 봉건 영주인 다이묘들이 서로 더욱 큰 힘과 넓은 영토를 차지하기 위해 끊임없이 전쟁을 벌이고 있었습니다. 도요토미 히데요시는 이 혼란스러운 시대에 내전을 잠재우고 일본 전국을 통일했습니다.

그런데 통일 뒤에 도요토미 히데요시는 큰 어려움에 부딪히게 되었습니다. 영토를 통일한 뒤 체제를 개혁하기 위해 국내 상권과 국제 무역권을 통일하려고 했는데, 상업과 무역업을 통해 큰 돈을 벌던 다이묘들이 자신들의 힘과 경제력을 잃을 것이 두려워 반발하고 나선 것입니다.

통일 이후에 할 일이 없어진 하급 무사들도 도요토미 정권에 큰 불만을 품었습니다. 설상가상으로 그 무렵 일본 상

도요토미 히데요시

인 세력들이 조선과 명나라에서 난리를 일으켜 일본은 명나라 및 조선과의 무역이 중단되는 위기를 맞게 되었습니다.

이에 도요토미 히데요시는 중국으로 쳐들어가려고 마음먹게 되었습니다. 드넓은 중국 땅을 차지해 봉건 영주들과 하급 무사들에게 나누어 줌으로써 내부의 불만을 잠재우고 자신의 정치적 기반을 키우려고 한 것입니다. 하지만 중국에 쳐들어가기 위해 반드시 거쳐야 하는 조선을 차지하지 못하게 되면서 도요토미 히데요시의 꿈은 한낱 망상에 그치게 되었답니다.

임진왜란의 명장
이순신

이순신의 정치적 후원자, 유성룡 (1542~1607)

유성룡은 1591년 선조에게 이순신을 전라좌수사로 임명하도록 추천한 사람입니다. 나이는 이순신보다 세 살 위지만, 어린 시절에 한양 건천동에서 함께 자라며 우정을 키워 온 관계입니다.

1564년에 처음 벼슬길에 오른 뒤, 조정의 중요한 관직을 두루 거쳐 1591년에 좌의정과 이조판서를 겸하게 되었고, 이후 군무를 총괄하는 도제찰사가 되어 이순신과 권율 등의 명장을 찾아내 등용했습니다.

1592년 임진왜란이 일어나자 유성룡은 임금의 피난길에 따라나서 조정을 이끌었으며 군사들을 총지휘해 위기에 빠진 나라를 구하려고 노력했습니다. 하지만 1597년 이순신이 탄핵을 받게 되자 그를 추천했다는 이유로 여러 차례 벼슬에서 물러나게 되었고, 이듬해에는 당파싸움에 휘말려 관직을 잃고 조정에서 쫓겨났습니다.

그 뒤 유성룡은 죽을 때까지 고향에서 책을 쓰며 조용히 지냈습니다.

이때 남긴 책 가운데 하나인 《징비록》은 임진왜란의 원인과 전쟁 상황 등을 기록한 책으로, 임진왜란 전후의 상황을 연구하는 데 귀중한 자료가 되고 있습니다.

유성룡이 임진왜란에 대해 쓴 책, 《징비록》

열린 주제

인물 돋보기

제승당

이순신 장군은 1593년 삼도수군 통제사가 되어 한산도에서 경상, 전라, 충청 삼도의 수군을 총지휘했습니다. 이때 이순신 장군이 휘하의 장수들과 작전회의를 하던 곳이 운주당인데, 이곳은 1597년 원균이 칠천량에서 패하자 경상우수사 배설이 달아나며 불을 질러 폐허가 되고 말았습니다.

제승당은 그 뒤 1739(영조 15)년

경상남도 통영시에 있는 제승당 전경

에 통제사 조경이 이순신의 얼을 기리기 위해 운주당 옛터에 지은 건물입니다.

명량대첩비

원균이 칠천량에서 크게 패하고 조선이 다시 큰 위기에 놓였을 때 이순신 장군은 울돌목(명량 해협)에서 13척의 배로 133척의 왜적 함대를 무찌르는 대승을 거두었습니다. 이 싸움을 계기로 왜군은 다시는 전라도 앞바다를 넘보지 못했습니다. 명량대첩비는 이 싸움을 승리로 이끈 이순신 장군의 공을 기리기 위해 1688(숙종 14)년에 세운 비석입니다. 이 비석에는 이순신 장군이 진도 벽파정 아래에 진을 치고, 울돌목의 빠른 물살을 이용해 왜군 함대를 무찌른 과정이 자세하게 기록되어 있습니다.

임진왜란의 명장
이순신

비석이 서 있는 곳은 조선시대에 전라 우수영이 있던 자리이고, 비석에서 바라보이는 바다가 명량 해협입니다. 물살이 너무 빨라 우는 소리를 낸다고 해서 울돌목이라고도 불렸습니다. 전라남도 해남군 화원 반도와 진도 사이에 있는데, 지금도 배들이 울돌목의 물살을 쉽게 거스르지 못한다고 합니다. 현재 울돌목 위로는 해남과 진도를 연결하는 진도대교가 놓여 있습니다.

해남과 진도를 연결하는 진도대교

현충사

이순신 장군을 모신 사당으로 충청남도 아산에 있습니다. 현충사에는 《난중일기》와 이순신 장군이 쓰던 장검 및 천자총통, 지자총통, 현자총통을 비롯해 임진왜란 때 쓰였던 무기들이 전시되어 있습니다. 이순신 장군이 혼인한 뒤 가족들과 함께 살던 집도 볼 수 있답니다.

한산정

이순신 장군이 삼도수군통제사로 한산도에 있을 때 활을 쏘던 정자로, 과녁이 바다 건너 145미터 앞에 있었습니다. 우리나라에서 바다를 사이에 두고 있는 활터는 이곳뿐인데, 이순신 장군은 이곳에서 무관을 뽑는 과거를 베풀기도 했습니다.

연대표

이순신 생애	일본 · 중국
1545 (명종 원년) 명종 즉위. 이순신, 음력 3월 8일 서울에서 태어남.	*1543* 일본, 포르투갈의 배가 다네가 섬으로 떠내려옴. 이 배에 타고 있던 포르투갈인이 조총 만드는 법을 일본에 전해 줌.
	1549 중국 명나라, 왜구들이 절강성 해안 지대에서 노략질을 일삼음.
	1553 중국 명나라, 포르투갈이 마카오를 침략함.
1555 (명종 10년) 왜구가 전라도 남부 지방으로 쳐들어옴.	*1555* 중국 명나라, 왜구가 쳐들어와 남경의 안정문을 불태우고 4,500명을 학살함. 일본, 포르투갈로부터 화포 만드는 기술을 배움.
	1560 일본, 교토에 기독교 포교를 허가함. 중국 명나라, 복건성 곳곳에서 유민이 봉기를 일으킴.
1562 (명종 17년) 황해도에서 민중 봉기를 일으킨 임꺽정 처형됨.	*1565* 일본, 교토의 선교사를 추방함. 중국 명나라, 포르투갈이 마카오에 도시를 세움.
	1566 일본, 나가사키 항에 포르투갈 배가 들어옴.
1567 (선조 원년) 선조가 임금이 됨.	*1571* 일본, 나가사키 항을 외국에 개방함.

임진왜란의 명장 이순신

이순신 생애	일본·중국
1572 (선조 5년) 이순신, 무과에 응시했으나 낙방.	
	1573 중국 명나라, 장거정의 개혁이 일어남. 일본. 무로마치 시대가 끝남. 오다 노부나가가 권력을 잡음.
	1575 중국 명나라, 스페인 배가 광동성에 들어옴.
1576 (선조 9년) 이순신, 무과에 합격하여 장수가 됨.	*1576* 일본. 대포가 들어옴.
1578 (선조 11년) 경상도의 군사들, 고된 잡역에 항의해 폭동을 일으킴.	*1578* 중국 명나라, 포르투갈 인에게 광동 무역을 허용함.
	1580 중국 명나라, 선교사 마테오 리치가 들어옴.
1583 (선조 16년) 이이, 십만양병설 주장.	*1583* 중국 명나라, 동북부에서 건주여진의 추장 누르하치가 힘을 키움.
1586 (선조 19년) 이순신, 함경도 조산보의 군사책임자가 됨.	*1586* 일본. 토요토미 히데요시가 시고쿠와 규슈를 정벌. 선교사 추방령을 내림.
1587 (선조 20년) 이순신, 녹둔도에 침입한 여진족을 막지 못한 죄로 벼슬을 잃음.	*1587* 중국 명나라, 누르하치가 만주의 전 지역을 차지함.

연대표

이순신 생애	일본 · 중국

1589 (선조 22년) 이순신, 정읍 현감이 됨.

1590 (선조 23년) 조선, 일본에 통신사를 파견함.
동인이 남인과 북인으로 갈림.

1591 (선조 24년) 통신사들이 서로 다른 보고를 올림.
이순신 전라좌수사가 됨.

1592 (선조 25년) 임진왜란이 일어남.
이순신, 한산도 앞바다에서 왜군을 크게 무찌름(한산도대첩).
명나라 군대, 조선을 돕기 위해 압록강을 건넘.

1593 (선조 26년) 조명연합군, 평양을 되찾음.
강화교섭이 시작됨.
한양을 되찾음.
이순신, 삼도수군통제사가 됨.

1589 일본, 도요토미 히데요시가 전국을 통일함.

1592 일본, 조선 침략(임진왜란).

임진왜란의 명장
이순신

이순신 생애	일본·중국

1594 (선조 27년) 이순신, 당항포 해전에서 왜선 31척을 격파함.

1597 (선조 30년) 이순신, 원균의 모함과 고니시의 함정에 걸려 감옥에 갇힘. 전쟁이 다시 일어남(정유재란). 원균이 이끄는 조선 함대가 칠천량에서 왜군에게 크게 패함. 이순신, 삼도수군통제사로 다시 임명됨. 명량에서 13척의 배로 133척의 일본 함대를 물리침(명량대첩).

1598 (선조 31년) 도요토미 히데요시가 죽음. 일본군이 조선에서 철수하기 시작함. 이순신, 노량에서 퇴각하는 일본 수군을 무찌르고 전사함. 전쟁이 완전히 끝남.

1643 (인조 20년) 이순신, '충무'라는 시호를 받음.

1596 일본, 도요토미 히데요시가 죽음. 왜군이 조선에서 모두 물러남.

1644 중국 명나라, 누르하치가 세운 청나라에 멸망함.